基于多源数据的我国新能源汽车产业政策效果评价研究

RESEARCH ON EFFECT EVALUATION OF
CHINA'S NEW ENERGY VEHICLE INDUSTRY POLICY
BASED ON MULTI-SOURCE DATA

王小丽 ◎ 著

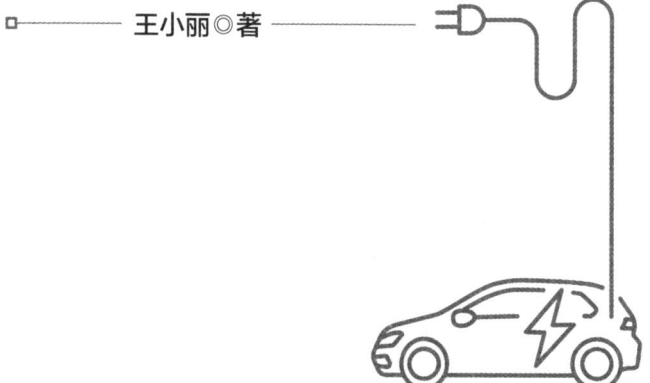

中国经济出版社
CHINA ECONOMIC PUBLISHING HOUSE
·北京·

图书在版编目（CIP）数据

基于多源数据的我国新能源汽车产业政策效果评价研究／王小丽著．－－北京：中国经济出版社，2023.9
ISBN 978-7-5136-7476-8

Ⅰ.①基… Ⅱ.①王… Ⅲ.①新能源-汽车工业-产业政策-研究-中国 Ⅳ.①F426.471

中国国家版本馆 CIP 数据核字（2023）第 176168 号

责任编辑　陈　瑞
责任印制　马小宾
封面设计　任燕飞

出版发行　中国经济出版社
印 刷 者　北京艾普海德印刷有限公司
经 销 者　各地新华书店
开　　本　710mm×1000mm　1/16
印　　张　14.25
字　　数　182 千字
版　　次　2023 年 9 月第 1 版
印　　次　2023 年 9 月第 1 次
定　　价　79.00 元
广告经营许可证　京西工商广字第 8179 号

中国经济出版社 网址 www.economyph.com 社址 北京市东城区安定门外大街 58 号 邮编 100011
本版图书如存在印装质量问题，请与本社销售中心联系调换（联系电话：010-57512564）

版权所有　盗版必究（举报电话：010-57512600）
国家版权局反盗版举报中心（举报电话：12390）　　服务热线：010-57512564

前言

本书是一本关于新能源汽车产业政策效果评价的研究专著。

新能源汽车产业作为我国的战略性新兴产业，不仅是应对能源危机，实现我国"碳中和"目标的重要途径，更是加快汽车产业转型升级，实现我国在电动汽车技术领域"弯道超车"的重要契机。自2000年我国将发展电动汽车列为"863"重大专项之一以来，国家对发展新能源汽车产业的重视程度不断提高，出台了一系列促进新能源汽车产业发展的政策措施，政策的实施极大地促进了我国新能源汽车产销量的提升。然而，新能源汽车产业政策仍有许多需要完善之处，政策效果评价研究的深度和广度还有待进一步拓展。新能源汽车产业政策效果评价研究中不仅要关注政策本身产生的影响，还要重视政策内部特征所起的作用。在政策评价角度方面，不仅要根据经济数据来评价政策效果，还要从公众的态度中了解政策实施效果。把握新能源汽车产业政策本身及其特征对产业绩效的影响，从不同角度对新能源汽车产业政策进行效果评价，不仅有助于科学评价新能源汽车产业政策实施效果，而且对我国新能源汽车产业健康可持续发展具有重要的理论意义和实践价值。

针对当前该领域研究存在的不足，为系统全面地评价新能源汽车产业政策效果，本书基于多源数据，综合利用仿真模拟数据、政策文本数据、经济数据和网络信息数据，从理论与实践的结合上开展了三个方面的研究，即政策效果评价基础的研究、产业政策对新能源汽车产业绩效的影响效果评价以及基于公众感知的产业政策效果评价，具体内容如下：

首先，提出并确立了新能源汽车产业政策效果评价基础，包括产业政策特征量化以及产业政策作用机理分析。一方面，基于文本挖掘方法，在新能源汽车产业政策量化的基础上，提出政策特征量化的指标和方法；另一方面，基于复杂适应系统理论，从产业链视角，阐述新能源汽车产业政策作用环境、政策主体、政策作用路径以及主体行为规则，在此基础上提出新能源汽车产业政策作用机理概念模型，并运用多主体仿真模型，探究不同类型政策工具对产业绩效的作用特征和影响规律。仿真模拟的结果表明，不同政策工具对新能源汽车产业绩效的作用效果具有明显的时序变化特征，对产业绩效的影响程度以及对产业不同主体的绩效作用强度存在差异性，且对产业绩效的影响具有明显的传导效果。

其次，在阐述新能源汽车产业政策特征及政策作用机理之后，运用非平衡面板数据模型和VAR模型对新能源汽车产业政策效果进行评价，即不同产业政策特征对新能源汽车产业链上、中、下游产业绩效的影响评价。研究证实了产业政策特征能够影响产业绩效的效果，且对产业不同主体绩效的影响具有差异性。产业政策综合性对上、中、下游产业绩效存在显著的正向影响，且与中游和下游产业绩效之间存在倒U型的关系；产业政策多样性对上、中、下游产业绩效存在显著的正向影响，且与上游和中游产业绩效之间存在倒U型的关系；产业政策的协同性对产业链上、中、下游产业绩效呈现显著的差异性；产业政策的综合性、多样性以及协同性对产业链上、中、下游产业绩效存在动态滞后影响。

最后，从公众感知视角对新能源汽车产业政策效果进行评价。新兴产业的可持续发展不仅取决于技术创新与产业主体的积极性，取决于政策的支持与引导，也取决于消费者的积极参与，因此研究公众感知下的

"效果评价"是十分必要的。依据公众参与理论和数据科学理论，构建基于网络信息挖掘的新能源汽车产业政策公众感知研究框架。根据研究框架，运用文本挖掘和情感分析方法，识别公众对新能源汽车产业政策的关注焦点及情感倾向，把握公众对产业政策的反应，进而发现新能源汽车产业政策存在的问题与不足，为进一步完善新能源汽车产业政策提供决策依据。

根据研究结论，本书从完善新能源汽车产业政策工具、提升政策对产业绩效的积极影响以及提高公众对政策的支持和认可等方面，提出完善新能源汽车产业政策的对策建议。

本书的出版得到了国家自然科学基金青年项目（编号：72304086）、河南省软科学研究项目（编号：232400411130）、中国博士后面上项目（编号：2021M701060）、国家社科基金重点项目（编号：17AGL009）和河南大学博士后科研启动项目的支持。在本书出版之际，特别感谢河南大学商学院领导对学术著作出版的鼎力支持。感谢北京工业大学黄鲁成教授研究团队在撰写本书过程中给予的指导与帮助。感谢中国经济出版社陈瑞编辑为本书顺利出版所付出的辛勤工作。

目录

第1章 绪 论 001

1.1 研究背景与意义 003
1.1.1 研究背景 003
1.1.2 研究意义 005

1.2 研究综述 007
1.2.1 产业政策评价研究 007
1.2.2 产业政策作用机理研究 010
1.2.3 政策量化研究 012
1.2.4 新能源汽车产业政策研究 013
1.2.5 研究评述 016

1.3 研究设计 017
1.3.1 研究思路 017
1.3.2 研究内容 019
1.3.3 研究方法 021
1.3.4 技术路线图 023

1.4 创新点 024

第2章 概念界定与理论基础 027

2.1 产业政策及政策评价 029
2.2 产业绩效的概念辨析 031

2.3 新能源汽车及产业链……………………………………………… 032
2.4 多源数据………………………………………………………… 035
2.5 理论基础………………………………………………………… 036
 2.5.1 市场失灵理论…………………………………………… 036
 2.5.2 幼稚产业保护理论……………………………………… 037
 2.5.3 政策科学理论…………………………………………… 038
 2.5.4 复杂适应系统理论……………………………………… 039
 2.5.5 公众参与理论…………………………………………… 040
2.6 本章小结………………………………………………………… 041

第3章 新能源汽车产业政策量化分析及特征研究……………… 043

3.1 新能源汽车产业政策文本的获取……………………………… 045
3.2 新能源汽车产业政策文本的基本特征………………………… 046
 3.2.1 政策数量及类别统计…………………………………… 046
 3.2.2 产业政策主体分析……………………………………… 047
 3.2.3 产业政策语义网络结构………………………………… 050
3.3 新能源汽车产业政策特征的量化分析………………………… 051
 3.3.1 基于政策力度的政策量化……………………………… 051
 3.3.2 基于政策工具的政策量化……………………………… 052
3.4 新能源汽车产业政策特征量化指标…………………………… 056
 3.4.1 产业政策综合性………………………………………… 056
 3.4.2 产业政策多样性………………………………………… 058
 3.4.3 产业政策协同性………………………………………… 059
3.5 本章小结………………………………………………………… 064

第4章 新能源汽车产业政策作用机理研究……………………… 065

4.1 新能源汽车产业政策作用机理研究框架……………………… 067

目 录

- 4.2 新能源汽车产业政策作用环境分析 ····· 069
  - 4.2.1 产业外部环境 ····· 069
  - 4.2.2 产业内部环境 ····· 071
- 4.3 新能源汽车产业政策相关主体分析 ····· 072
  - 4.3.1 政府主体 ····· 072
  - 4.3.2 企业主体 ····· 073
  - 4.3.3 科研机构 ····· 073
  - 4.3.4 公众 ····· 073
  - 4.3.5 其他利益相关者 ····· 074
  - 4.3.6 政策制定主体与执行主体之间的关系 ····· 074
- 4.4 基于多主体仿真的新能源汽车产业政策作用机理研究 ····· 075
  - 4.4.1 多主体仿真的应用及分析流程 ····· 075
  - 4.4.2 产业政策作用路径 ····· 076
  - 4.4.3 主体行为机制 ····· 081
  - 4.4.4 新能源汽车产业政策作用机理仿真概念模型 ····· 087
- 4.5 新能源汽车产业政策作用机理仿真模拟及结果 ····· 088
  - 4.5.1 仿真主体关系与情景设计 ····· 088
  - 4.5.2 仿真参数设定 ····· 089
  - 4.5.3 仿真结果 ····· 090
- 4.6 本章小结 ····· 099

第5章 新能源汽车产业政策特征对产业绩效的效果评价 ····· 101

- 5.1 问题的提出与模型设定 ····· 103
  - 5.1.1 产业政策综合性与产业绩效 ····· 104
  - 5.1.2 产业政策多样性与产业绩效 ····· 105
  - 5.1.3 产业政策协同性与产业绩效 ····· 106
- 5.2 研究样本与基本数据分析 ····· 108

5.2.1 研究样本的选择 ·· 108
5.2.2 基本描述性统计分析 ······································ 109
5.2.3 相关性分析 ··· 110

5.3 产业政策特征对新能源汽车上游产业绩效的影响 ················ 115
5.3.1 政策综合性对上游产业绩效的影响 ·························· 115
5.3.2 政策多样性对上游产业绩效的影响 ·························· 116
5.3.3 政策协同性对上游产业绩效的影响 ·························· 117

5.4 产业政策特征对新能源汽车中游产业绩效的影响 ················ 119
5.4.1 政策综合性对中游产业绩效的影响 ·························· 119
5.4.2 政策多样性对中游产业绩效的影响 ·························· 120
5.4.3 政策协同性对中游产业绩效的影响 ·························· 122

5.5 产业政策特征对新能源汽车下游产业绩效的影响 ················ 123
5.5.1 政策综合性对下游产业绩效的影响 ·························· 123
5.5.2 政策多样性对下游产业绩效的影响 ·························· 124
5.5.3 政策协同性对下游产业绩效的影响 ·························· 125

5.6 本章小结 ··· 127

第6章 新能源汽车产业政策特征对产业绩效滞后效果评价 ········ 129

6.1 研究方法及数据检验 ·· 131
6.1.1 研究方法 ··· 131
6.1.2 数据检验 ··· 132
6.1.3 确定最优滞后期 ··· 134

6.2 产业政策特征与上游产业绩效的 VAR 模型 ····················· 136
6.2.1 VAR 模型参数估计 ······································ 136
6.2.2 平稳性检验 ··· 140

6.3 产业政策特征与中游产业绩效的 VAR 模型 ····················· 142
6.3.1 VAR 模型参数估计 ······································ 142

6.3.2 平稳性检验 ·· 146

　6.4 产业政策特征与下游产业绩效的 VAR 模型 ································ 147

　　6.4.1 VAR 模型参数估计 ·· 147

　　6.4.2 平稳性检验 ·· 151

　6.5 本章小结 ·· 152

第7章　基于公众感知的新能源汽车产业政策效果评价 153

　7.1 研究问题的提出 ··· 155

　7.2 研究方法与研究框架 ·· 156

　　7.2.1 研究方法 ··· 156

　　7.2.2 研究框架及分析过程 ·· 157

　7.3 新能源汽车产业政策公众感知分析 ·· 160

　　7.3.1 网络信息数据的获取 ·· 160

　　7.3.2 新能源汽车产业政策公众感知的一般特征分析 ······················ 161

　　7.3.3 新能源汽车产业政策公众感知的重要话题分析 ······················ 166

　7.4 本章小结 ·· 172

第8章　完善新能源汽车产业政策的建议 175

　8.1 基于新能源汽车产业政策作用机理研究结论的建议 ···················· 177

　8.2 基于新能源汽车产业政策特征对产业绩效影响效果的建议 ········· 178

　8.3 基于新能源汽车产业政策特征对产业绩效滞后影响结果的
　　　建议 ·· 180

　8.4 基于公众感知的新能源汽车产业政策效果评价结果的建议 ········· 181

结　论 183

参考文献 186

第1章

绪 论

本章首先阐述选题的研究背景与意义,其次对产业政策评价研究、产业政策作用机理研究、政策量化研究以及新能源汽车产业政策相关研究进行文献的梳理总结,评述现有研究的不足,最后提出本书的研究内容、研究方法、技术路线图及创新点。

1.1　研究背景与意义

1.1.1　研究背景

为了应对持续增长的能源消耗和环境污染压力,国际能源署将新能源汽车的发展与应用作为应对大气污染、节能减排及能源危机等问题的有效方法。据测算,新能源汽车废气排出量与传统汽车相比能够减少92%以上[1]。因此,世界各国也越来越重视新能源汽车产业的推广与应用,纷纷制定本国的新能源汽车产业发展规划与战略布局,如德国出台的《国家电动汽车行动计划》、美国的《可再生燃料标准(RFS)计划》、日本的《新国家能源战略》、欧盟的《欧盟氢能发展路线图》等。此外,欧盟各国纷纷明确本国禁售燃油车的时间表,如英国和法国政府计划到2040年禁售燃油车,德国联邦参议院则计划在2030年禁止内燃机汽车上路行驶,而欧盟全境有望在 2050 年实现禁售燃油车①。对燃油车的禁售也使各国政府重视新能源汽车产业的发展。根据国际能源署的报告，2013—2018 年全球电动汽车（含插电式混合动力汽车）销量平均增幅 50% 以上，2018 年全球新能源乘用车年度销量达到 2018247 辆，全球累计销量超过 400 万辆。2019 年 5 月彭博新能源财经（BNEF）预测，到 2040 年新能源汽车将主导全球乘用车和公交车新增市场②。

新能源汽车产业作为我国的战略性新兴产业，不仅是实现节能减排、汽车产业升级的重要依托，更是我国在电动汽车技术领域实现"弯道超车"的重要契机。早在 2014 年习近平总书记在上海汽车集团考察时，就指出"发展新能源汽车是我国从汽车大国迈向汽车强国的必由之路"。2015 年，新能源汽车产业被正式列为战略性新兴产业。2018 年由国务院发展研究中心、中国汽车工程学会等联合编著的《2018 年中国汽车产业发展报告》中，以"新时代的新能源汽车产业发展战略"为主题，详细介绍了国内外新能源汽车产业发展现状及趋势、中国新能源汽车发展的思路与措施，并在报告中指出新能源汽车产业的发展属于国家战略布局③。2019 年习近平总书记在世界新能源汽车大会的致贺信中指出："发展新能源汽车产业符合我国绿色、低碳、可持续发展的道路，愿同国际社会一道，加速推进新能源汽车科技创新和相关产业发展，为建设清洁美丽世界、推动构建人类命运共同体作出更大贡献……"④我国政府对新能源汽车的关注可追溯到"八五"期间启动电动汽车关键技术研发工作，"九五"期间电动汽车被列为国家重大科技产业工程，"十五"期间启动《国家"863"计划电动汽车重大专项》，之

---

① 资料来源：http：//www.sohu.com/a/161659105_468637.
② 资料来源：https：//about.bnef.com/blog/electric-transport-revolution-set-spread-rapidly-light-medium-commercial-vehicle-market/.
③ 资料来源：http：//www.sohu.com/a/259627353_377283.
④ 资料来源：http：//www.xinhuanet.com//politics/2019-07/02/c_1124698571.htm.

后连续出台《节能与新能源汽车产业规划（2012—2020年）》《电动汽车科技发展"十二五"专项规划》等文件确定了我国新能源汽车产业发展的"三纵三横"发展格局。国家出台了一系列新能源汽车产业发展的配套政策措施，如新能源汽车生产准入管理规则、各类技术标准、推广试点示范工作、税收补贴以及基础设施建设等。由此可看出我国政府非常重视新能源汽车产业的发展，并给予了大量的政策支持。

由于新能源汽车产业在发展初期技术不够成熟、成本较高，与传统汽车相比缺乏竞争力，因而，政府的引导和支持政策对新能源汽车产业的发展至关重要。据统计，2001—2018年，我国政府颁布了221项国家级新能源汽车产业政策，而我国新能源汽车的产销量从2008年的2393辆、2260辆极速增长到2018年的127万辆和125.5万辆，增长了530倍，且产销量已连续四年位居全球第一[6]。从产销量来看，政策的实施对新能源汽车产业的发展产生了很大的影响。然而，不同类型政策对产业影响的着力点不同，对产业影响的机制也有所区别；不同政策工具组合产生的效果也不同。尽管有关政策对新能源汽车产业发展影响的研究已经引起学术界的关注，政策效果评价以及政策内容分析已经成为研究的热点问题，然而，有关新能源汽车产业政策对产业绩效的作用机理仍未明晰，产业政策特征对产业绩效影响的研究仍比较匮乏，产业政策评价中尚未关注公众的政策感知。在此背景下，本书基于多源数据探讨新能源汽车产业政策效果评价问题，重点探讨新能源汽车产业政策影响产业绩效的作用机理、产业政策特征对产业链不同主体产业绩效的影响，以及基于公众感知的产业政策效果评价。

1.1.2 研究意义

基于多源数据分析新能源产业政策效果评价具有重要的理论意义和实践价值。

理论意义：

（1）拓展新能源汽车产业政策评价的研究范畴。本研究在对新能源汽车产业政策特征量化的基础上，实证分析产业政策特征对产业链不同主体绩效的影响。将香农—威纳指数引入到产业政策特征的度量中，用以表征产业政策的多样性。此外，本书将协同学相关理论运用到对新能源汽车产业政策的协同性分析中，引入复合系统协调度模型，构建新能源汽车产业政策协同性测度模型，包括新能源汽车产业政策子系统有序度模型、复合系统协同度模型和协同性测度指标体系。在对新能源汽车产业政策特征量化的基础上，通过实证模型探究产业政策综合性、多样性以及协同性对于新能源汽车产业上、中、下游产业绩效的影响效果。

（2）明确新能源汽车产业政策作用机理，丰富产业政策研究的内容。由于产业链是产业各部门基于特定技术经济关联、逻辑关系及时空布局形成的链式关联关系形态，存在上下游关系和相互价值交换。产业链不同位置的企业对政策的响应度和接受度有所差异，因此有必要从全产业链视角分析产业政策对产业绩效的影响机理。本研究基于复杂适应系统理论，在产业政策影响产业绩效机理研究框架的基础上，分析产业政策作用环境、政策主体，政策作用路径以及主体行为规则，构建产业政策作用机理仿真概念模型，最后运用 AnyLogic 仿真平台进行仿真模拟，挖掘产业政策对产业绩效的作用规律，为完善政策制定提供参考。

（3）构建基于网络信息挖掘的新能源汽车产业政策公众感知研究框架，为其他战略性新兴产业政策研究提供借鉴。将产业政策的公众感知纳入政策效果评价研究范畴中，并基于公共参与理论和数据科学理论，提出基于网络信息挖掘的新能源汽车产业政策公众感知研究框架，该框架详细介绍了如何通过挖掘网络信息来分析公众对新能源汽车产业政策的感知，通过该框架系统分析了新能源汽车产业政策公众感知的内容，包括公众感知一般特征分析，公众感知的重要话题、关注度分布以及对重要热点话题的情感分析。

实践意义：

（1）新能源汽车产业政策对产业绩效的作用机理研究，以及产业政策特征对产业链不同主体绩效的影响研究，为新能源汽车产业政策制定者优化政策工具、提升政策效果提供参考依据。不同类型的产业政策对产业的影响路径不同，影响特点不同，不同政策工具的组合协同产生的作用也各有差异。通过探究新能源汽车产业政策对产业绩效的作用机理，及产业政策特征对新能源汽车产业上、中、下游产业绩效的影响，不仅可以为新能源汽车产业政策的优化提供参考，还可以为其他产业政策的制定提供借鉴。

（2）新能源汽车产业政策公众感知的研究为政策制定者提升政策扩散效率提供参考，同时有助于提高决策质量，增强公众对政策的理解和支持。通过对新能源汽车产业政策公众感知的分析，可以了解公众对产业政策的关注内容、关注程度，挖掘公众对产业政策感知的重要热点话题，以及分析公众对产业政策合理性、必要性的评价和情感态度；可以有针对性地解决当前公众感知所呈现出的有关新能源汽车产业政策在制定、实施过程中的问题。

1.2 研究综述

1.2.1 产业政策评价研究

国外产业政策评价研究主要包括产业政策对产业、企业、消费者影响的评价。有关产业政策实施对产业影响的评价如下：Richar等以加拿大国家政策的实施作为自然实验，分析国家关税保护政策对制造业的影响，结果表明1879年获得保护的行业具有更高的产出和生产率,受国家政策保护的行业表现出更大的规模回报和更快的学习速度[7];Maria等分析美国农业政策对于番茄产业结构的影响,实证结果表明北美自由贸易协定和贸易定价政策是导致1992年和1999年番茄产业结构变化的主要因素[8];Albrizio等分析环境政策严格性的变化对于行业和公司生产率的影响,结果表明在技术先进的国家,紧缩的环境政策与短期内行业水平的生产率增长相关,对普通企业而言,却找不到紧缩环境政策与生产率增长相关的证据[9];Scordato等运用案例研究方法,利用历史事件分析、半结构化访谈等方式分析政策组合对瑞典制浆造纸业可持续转型的影响,结果表明环境法规和个人许可等政策组合对于产业转型至关重要[10];Ohrn分析美国税收刺激政策对制造业的影响,实证结果表明各州加速折旧政策对制造业投资产生重要的积极影响[11]。

有关产业政策对企业影响的评价如下:Kiyota等运用日本1956—1964年棉纺织企业的数据探究产业政策对企业活动的影响,结果表明日本棉纺织产业政策有效控制了企业的产量,有助于建立稳定的市场结构,同时政策也限制了资源从生产力低的大公司向生产力较高的小公司流动[12];Aghion等利用1998—2007年中国大中型企业的数据,分析产业政策对生产率的影响,研究结果证明了当产业政策促进行业竞争时,会促进生产率的增长[13];Ramaciotti等分析两类政策(硬性政策和柔性政策)对意大利艾米利亚—罗马涅地区新技术公司影响的差异性,研究结果表明柔性政策措施对于企业增长的影响程度大于硬性政策[14];Daniel分析生物基材料早期标准政策对现有企业和新进入企业利润的影响,研究结果表明现有企业为了满足政策要求,会不断地提升产品质量来增加利润,而新进入企业提升质量的动力较低,基于研究结论,作者建议早期的标准政策相对宽松,才能对企业和社会福利产生积极的影响[15];Fernandez-Sastre等基于2009—

2011年厄瓜多尔2851家公司的数据,运用实证模型分析公共采购政策和创新支持计划对于企业研发活动的影响,结果表明公共采购不会激发企业投资研发活动,而参与创新支持计划则能够对企业研发活动产生正向影响[16]。

有关产业政策对消费者影响的评价如下:Alonso等提出一种名义援助率方法,区分政策对价值链各个利益群体的福利影响,以巴基斯坦小麦行业政策为例,分析2000—2013年小麦价格和贸易政策对各个利益群体的影响,结果表明小麦政策使面粉消费者和贸易商受益,却损害了种植者的利益[17];Knez等分析斯洛文尼亚电动汽车激励政策对消费者的影响,研究表明,针对消费者的促进政策未能成功,主要原因在于不同消费者对低排放车辆的看法不同,而激励政策未关注消费者的差异性,导致对消费者的激励作用未达到预期目标[18];Shin等分析韩国可再生燃料标准政策对消费者偏好和支付意愿的影响,市场细分和敏感性分析的结果表明,消费者接受政策的意愿与其付出的成本相关,当成本过高时,消费者倾向于拒绝政策实施,因而研究者提议应该根据不同收入群体的特点制定差异化的政策来提高政策接受度[19];Yang等分析中国三种电动汽车激励政策对不同类型消费者的影响,通过对269份调查问卷的分析,发现消费者对电动汽车的采用意愿是由对电动汽车的认知和对激励政策的认知决定的,激励政策措施要针对不同类型消费者的特征,采取差异化策略才能实现最优效果[20];Yoo等根据燃油经济偏好性,将汽车行业的消费者分为普通消费者和选择性消费者,使用线性回归和联立方程分析财务激励措施对两类消费者的影响,研究结果表明,只有税收优惠措施对普通消费者有效,选择性消费者对财务激励措施不敏感[21]。

国内产业政策评价的研究主要围绕产业政策对产业、企业和消费者影响的评价。典型的研究如下:朱明皓等运用综合评价方法,从四个维度分析我国汽车产业技术创新政策效果，研究发现汽车产业政策支持汽车产业创新发展，取得了良好效果[22]；蒋园园等分析2006—2016年我国文化创意产业政策的实施效果，结果表明财政补贴和金融扶持政策促进产业增加值的提高[23]；周珊珊等基于演化博弈的思想分析在不同市场环境及补贴政策下，高技术产业持续适应性创新演化，结果表明政府补贴政策促进高技术产业突破式技术创新[24]；伍健等以战略性新兴产业为研究对象，分析政府补贴对企业创新活动的影响，研究发现政府补贴不仅能刺激企业的创新投入，还有助于企业获得相关资源，促进创新产出[25]；白旭云等以505家高新技术企业的调研数据为基础，分析税收优惠政策和研发补贴政策对企业创新绩效和创新质量的影响，结果表明税收优惠政策有助于创新绩效和创新产出，而研发补贴则对创新绩效和创新质量存在挤出作用[26]；熊勇清等运用技术接受模型分析新能源汽车供需双侧政策对潜在消费者的影响，研究结果表明双侧政策对潜在消费者感知易用性的影响有助于新能源汽车的接纳，且供给侧的作用效果高于需求侧政策[27]；宋妍等分析补贴和征税政策对消费者选择绿色产品的影响，结果表明两种政策有助于绿色产品消费达到最优，但不同收入群体对两种政策的倾向性有所差异，高收入群体倾向补贴，低收入群体倾向对高能耗产品征税[28]。

1.2.2　产业政策作用机理研究

产业政策作用机理的研究，主要围绕政策影响产业的方式和途径展开。政策作用方式主要侧重于采用何种政策工具影响产业发展，相关的研究如下：Zelenika等分析美国间接补贴对光伏产业的影响，结果表明如果将用于核工业的间接补贴用于光伏产业，到2050年会有更多的装机功率和更多的能源产出，到2110年，太阳能累计发电量将比核能多提供48600 Twh，价值5.3万亿美元[29]；Falck等评价德国巴伐利亚地区的经济集聚政策，结果表明该政策使目标行业成为创新主体的可能性提高了4.6%~

5.7%，与此同时，研发支出平均下降 19.4%[30]；Santos Alves 等运用政策分析矩阵分析巴西生物柴油生产和使用技术的实施绩效，研究表明该计划中的减税和补贴政策提高了生物柴油生产链的盈利能力[31]；Szücs 分析欧盟一项大规模研究补贴计划对受补贴公司创新活动的影响，尤其是对产学研合作关系的影响，结果表明补贴计划促进产学研合作的开展，进而促进企业创新能力的提升[32]；Ezzat 等运用三阶段最小二乘似然不相关回归（3SLS-SUR）法分析中东和北非国家电信行业限制竞争的政策对电信行业绩效的影响，研究结果表明限制政策主要影响固定电话部门的绩效[33]；王登礼等分析研发费用加计扣除政策对战略性新兴产业的影响，结果表明加计扣除政策对战略性新兴产业具有显著的税收激励效应[34]；李香菊等分析财政补贴和税收优惠政策对企业研发投入的影响，结果表明这两种政策工具能够刺激企业研发投入，财政政策有滞后性且长期激励不足，税收优惠政策在短期和长期均有效[35]。

产业政策作用机理研究中分析政策作用途径的研究如下：Joanna 等分析国家和地方政策对促进本国风力涡轮机制造业的政策途径，对政策支持机制的跨国比较结果表明，政策只有通过促进大规模、稳定的风电市场的发展，才能提升本国风电技术产业的国际竞争力[36]；Conrado 等运用多准则分析和边际成本曲线评估巴西建筑部门应对气候变化的政策路径，研究表明通过促进建筑业的能源效率和现场可再生能源技术的传播可实现政策目标[37]；Paulo 分析能源政策中技术中立和倾向于特定技术对实现成本收益的影响，通过分析可再生能源投资组合标准、上网电价以及拍卖成本效益，发现短期内考虑生命周期成本，技术中立具有更高的收益[38]；Johannes 等通过分析北欧 257 名交通和电力专家的 227 份半结构化访谈记录，分析促进电动汽车采用的有效政策途径，研究认为政策可通过降低消费者成本以及提高消费者的环保意识来提升电动汽车的采用率[39]；Mariske

等通过对比经合组织不同国家区域发展政策,认为创新和知识网络是政策产生影响的中介,具有重要作用[40];罗斌等运用系统动力学探究房地产政策影响市场的传导路径,通过仿真模型发现房地产政策主要通过土地政策、税收政策对市场供给和需求产生影响[41];韩超等认为产业政策通过资源的直接配置和企业间配置两种作用路径对企业绩效产生影响[42];刘湘云等探究科技金融政策对高新技术产业影响的作用路径,研究结果表明科技金融政策通过影响企业创新效率和全要素生产率来促进高新技术产业的发展[43]。

1.2.3 政策量化研究

政策量化研究是采用文献计量、社会网络分析及文本可视化技术,对政策文本内容进行量化分析,揭示政策主题演化变迁、政策工具的组合与效果、政策主体的行动与关系等[44]。政策量化研究最早始于 Libecap 对美国矿产权法规政策的量化分析,作者通过构建量化指标对产权进行评估[45]。此后,Laver 等将政策文本视为文字形式的数据,对英国、爱尔兰和德国政党有关经济和社会方面的政策进行量化分析,探究其政策立场和政党宣言[46]。Klüver 运用定量文本分析方法,通过对比欧盟利益集团政策立场和最终政策输出,评估利益集团的影响力[47]。Quinn 等构建美国立法演讲的主题模型,通过单词的使用推断演讲中涵盖的主题类别,并运用该模型分析 1997—2004 年美国参议院议程,揭示美国民主议程的动态变化[48]。Colditz 等通过对美国联邦、州和地方政府有关控烟政策文本进行编码,分析不同层级之间法律的互动和影响结果,结果表明联邦政府和州政府不清晰的概念界定限制了对水管烟的管控。Huang 等构建基于政策目标和政策工具的政策网络,通过分析政策网络节点的特征向量中心性特征确定核心政策目标和核心政策工具,分析政策主题的变迁,并以中国核能政策文本为例验证该政策量化方法的可行性[50]。

国内有关政策量化分析可追溯到 21 世纪初,潜伟等运用科学计量学方法，以《宋史》中有关科学技术内容文本为研究对象，通过对句频的分析构建宋朝统治者对科技的关注度指标，并分析宋朝统治者在科技领域的关注主题及变化[51]。此后，有关政策量化研究引起学者们的广泛关注。通过对相关文献的归纳总结，可知国内有关政策量化的研究主要包括两大类：一是通过对政策的量化，分析政策主题的演进、政策工具的使用特征；二是通过政策的量化，探究政策及其特征对政策实施效果的影响。第一类相关研究如下：刘云等通过对我国国家创新体系相关政策文本的量化分析，梳理不同阶段政策演进特征[52]；杨慧等运用LDA主题模型，对中国、美国以及欧盟气候政策文本进行语义主题挖掘，从主题内容和强度演化分析气候政策法规的演化规律[53]；祝鑫梅等运用社会网络分析方法，对我国254项标准化政策文本进行量化分析，研究不同阶段标准化政策的主题演化[54]。第二类相关研究如下：彭纪生等以我国技术创新政策为例，在明确政策量化标准的基础上，提出政策目标协同和政策措施协同的计算方法，并分析政策协同演变对经济绩效的影响[55]；徐喆等提出政策组合特征的测算方法，并运用负二项回归，分析政策组合特征对高技术产业创新能力的影响[56]；张国兴等从政策力度、政策措施和政策目标三个角度，量化我国节能减排政策，实证分析单项政策及多项政策协同对于产业结构调整的影响[57]；王晓珍等从政策形式、政策工具和政策力度对我国风电产业创新政策进行量化评分，在此基础上分析单项政策工具和政策工具组合对技术创新的影响[58]。

1.2.4 新能源汽车产业政策研究

国外有关新能源汽车产业政策的研究[web of science核心合集数据库，以TI=("electrical vehicl*" or "new energy vehicl*") and TS=polic*，文献类型为Article、Proceeding Paper和Review，共检索到文献80篇，检索时间为2019年8月31日]主要包括三个方面：①分析不同国家新能源汽车产业政策。Ahman 分析日本政府为促进新能源汽车发展所施行的综合性策略[59];Zhou 等对比分析美国、中国、日本以及欧盟有关插电式电动汽车财政政策的差异性[60];Broadbent 等介绍欧洲和美国实施新能源汽车产业政策的最佳实践及经验教训,作者认为不同国家应根据本国的实际情况选择合理的政策,如果盲目使用金融政策,则会阻碍新能源汽车产业的发展[61]。②研究新能源汽车产业政策对于消费者采用新能源汽车的影响。Gallagher 和 Muehlegger[62]、Hackbarth 和 Madlener[63]、Sang 和 Bekhet[64]、Helveston 等[65]、Langbroek 等和 Lévay 等[66]的研究证明金融激励政策及其他社会经济政策对新能源汽车的采用有积极的影响;Sierzchula 等利用线性回归模型分析不同因素对于消费者采用新能源汽车的影响,研究表明除了经济激励政策之外,充电站的数量以及电动汽车制造厂商所处的地理位置对新能源汽车采用率有正向的影响[67];Morton 等发现伦敦免除交通拥堵费与混合电动汽车的采用率存在正相关关系;Egbue 和 Long 的研究表明在消费者担心新能源汽车技术的情况下,补贴和税收抵免对新能源汽车的采用率影响不大[69]。③分析新能源汽车产业政策有效性的研究。Li 等构建新能源汽车产业政策的产业发展、技术研发以及市场推广三类政策的评价指标体系,运用模糊偏好关系方法分析产业政策工具的作用效果,研究结果表明需要进一步加大对技术研发的支持[70];Melton 等提出一个综合短期和长期影响的评估框架来分析需求和供给政策,并用该评估框架分析加拿大十个省份新能源汽车产业政策的有效性[71];Kwon 等分析不同消费者对新能源汽车产业政策的偏好差异,并建议政府应根据消费者的特点制定有针对性的政策,以提高政策的有效性[72];Yu 等基于系统动力学模型研究了中国新能源汽车产业政策的影响,结果表明不同政策的组合使用有助于推动新能源汽车产业的发展[73]。

国内有关新能源汽车产业政策的研究[CNKI 中搜到 90 篇文献,检索条件：ISCI 收录刊＝Y，或者 EI 收录刊＝Y，或者核心期刊＝Y，或者 CSSCI 期刊＝Y，或者 CSCD 期刊＝Y，同时满足②题名＝新能源汽车，或者 title＝中英文扩展(新能源汽车，中英文对照)，同时满足③题名＝政策，或者 title＝中英文扩展(政策，中英文对照)(精确匹配)，检索时间 2019 年 8 月 31 日]主要包括三类：①分析我国新能源汽车产业政策的演化历程、政策类型以及所使用的政策工具。陈军和张韵君基于政策工具和产业价值链的二维政策分析框架，梳理了 2001—2012 年我国新能源汽车产业政策特点[74]；郭随磊以政策文本为切入点，分析我国新能源汽车产业政策工具、属性、目标以及执行情况，研究结果表明由于政府职能转变的滞后导致新能源汽车产业政策工具执行过程出现问题[75]；李肆等将我国新能源汽车产业的发展分为三个阶段(宏观战略、行业规范以及市场推广阶段)，并分析不同阶段的政策侧重点以及使用政策工具的差异性[3]；郭本海等将新能源汽车产业政策工具划分为规划引导、财税支持、技术规范以及行政监管四类政策，并从新能源汽车关键技术入手，分析政策对相应技术创新的影响作用[76]。②国内外新能源汽车产业政策的对比分析及经验总结。卢超等对比分析美国、日本、德国、法国、英国和"金砖国家"的新能源汽车产业政策的特征[77]；张钟允等、陈翌等分别探究了日本、德国新能源汽车产业政策的实施情况[78,79]；曾耀明等、孙俊秀等、刘兰剑等、邓立治等分析不同国家新能源汽车产业政策特征以及对我国的启示[80-83]。③新能源汽车产业政策的颁布实施对于不同政策客体(企业、市场、消费者)的影响。卢健等利用系统动力学模型分析优惠税率政策对新能源汽车产业产生的激励作用[84]，李礼等利用最小二乘线性回归模型分析新能源汽车财政政策对消费需求的影响，结果表明财政政策对消费需求有积极的影响[85]；郭雯等分析新能源汽车产业政策组合对领先市场的影响[86]；熊勇清等分析新能源汽车产业政策供需政策对消费者的影响[27]；高秀平等分析新能源汽车财税政策对于企业盈利能力及偿债能力的影响[87];郑吉川等分析双积分政策与补贴政策的组合对企业技术创新的影响[88]。

1.2.5 研究评述

通过对产业政策评价、产业政策作用机理、政策量化及新能源汽车产业政策的国内外文献梳理归纳可知,产业政策评价研究领域中,学者们从不同角度用不同方法探讨了产业政策实施效果、对产业发展和技术创新的影响等,相关研究也取得了一定的进展。然而,有关产业政策对产业绩效的效果评价、产业政策作用机理、政策量化研究及新能源汽车产业政策研究仍存在不足。主要体现在以下三个方面:

(1)产业政策作用机理研究中尚未阐述不同政策工具对产业绩效的作用规律。目前产业政策影响产业的机理研究多集中在探讨具体政策(税收优惠、财政补贴)对于企业的影响,以及通过分析政策变量与其他变量之间的相互关系来判定政策的传导机理[89]。尽管有学者提出了产业政策作用机理的研究框架[90],但不够系统和全面,且未运用数据进行有效的验证。因此,有必要运用科学合理的方法明确产业政策对产业绩效的作用机理,为政策的完善提供相应的理论支撑。基于此,本研究基于复杂适应性系统理论,在明确新能源汽车产业政策作用主体及主体行为机制的基础上,运用多主体仿真模型分析不同政策工具及不同类型政策对产业绩效的作用规律。

(2)产业政策评价研究中忽视产业政策特征对产业链不同主体绩效的影响,这不利于针对不同新能源汽车产业链主体制定有效政策。不同产业政策工具的切入点和着力点有所不同,所呈现的政策特征对产业链主体的影响效果也各有差异。产业政策评价研究中,较多关注具体政策对产业影响的研究,而忽视政策的特性也会影响实施的效果。尽管已有学者开始关注政策特征的研究,但无论是对政策特征量化的方法,还是对政策影响对象的细分，都有可进一步探究的空间。为了弥补现有研究的不足，本研究基于政策科学理论，在优化产业政策特征量化指标的基础上，运用非平衡面板数据模型和 VAR 模型分析产业政策特征对产业链不同主体绩效的影响。

(3) 新能源汽车产业政策研究中忽视基于公众感知的效果评价。目前新能源汽车产业政策的研究多集中在对产业政策发展历程、政策特点，政策对于产业发展、企业绩效、企业技术创新能力的影响，以及政策的实施对消费者需求的影响，而较少关注政策实施后公众对政策的感知，以及如何通过政策感知完善相关政策。而基于公众感知的政策效果评价有两方面的意义：一方面，可以从公众的角度发现现有政策制定以及执行中存在的问题与不足，为后续政策的完善提供参考；另一方面，公众的政策感知也能反映出新能源汽车产业发展过程中存在的问题，为改善产品、完善配套设施提供参考。公众作为重要的政策客体，对新能源汽车产业政策实施效果的评价及情感态度，是完善政策的重要依据之一。同时，公众作为需求端能够为新能源汽车产业发展提供强大的拉动力，公众对政策的理解和支持，有助于促进产业的可持续发展。针对现有研究对公众政策感知研究的忽视，本研究基于公众参与理论、数据科学研究理论，以及公众感知本原理论，构建基于网络信息挖掘的新能源汽车产业政策公众感知研究框架，从公众政策感知的角度分析政策实施效果，为完善相关政策提供新的途径。

1.3 研究设计

1.3.1 研究思路

针对目前该领域实践与研究中存在的问题，从理论与实践的结合上开展三个方面的研究，即产业政策效果评价研究基础、产业政策对新能源汽车产业的影响效果评价以及面向公众的产业政策效果评价，其基本思路是："确立评价基础→基于经济数据的效果评价→基于公众感知的效果评价"。首先，建立新能源汽车产业政策效果评价基础，主要包括政策特征量化分析、产业政策作用机理分析，为后续政策评价奠定基础；其次，基于新能源汽车产业政策特征数据和产业经济数据对政策效果进行评价，探究政策综合性、多样性和协同性对新能源汽车产业链上、中、下游产业绩效的影响；最后，从公众感知的视角，采用文本挖掘和情感分析的方法，评价新能源汽车产业政策实施效果。三方面主要研究内容是从政策评价基础构建到政策对产业绩效的效果评价，再到公众感知的政策效果评价，由此依次展开。通过对三方面研究内容的分析，不仅明确新能源汽车产业政策对产业绩效的作用机理，还能确定当前产业政策特征对产业链不同主体绩效影响的差异性，并把握公众对产业政策实施效果的感知，为新能源汽车产业政策的完善提供参考。

新能源汽车产业政策评价研究基础包括：一方面，基于政策科学理论，在对产业政策量化的基础上，提炼政策的三个特征（综合性、多样性和协同性），并采用恰当的方法对政策特征指标进行量化；另一方面，基于复杂适应系统理论，运用多主体仿真模型，在明确新能源汽车产业政策作用环境、政策主体、政策资源以及主体行为规则的基础上，构建产业政策作用机理仿真概念模型，运用 AnyLogic 仿真平台，模拟政策对产业绩效的影响过程，根据仿真结果揭示产业政策作用机理。政策特征的量化和政策作用机理的分析为政策效果评价奠定基础。

新能源汽车产业政策特征对产业绩效的影响评价研究，是在明确产业政策对产业绩效的作用机理后，进一步探究产业政策内部特征对产业绩效的影响效果，两部分研究在逻辑结构上是递进关系。产业政策特征影响产业绩效的效果评价研究，为进一步了解产业政策影响产业绩效的方式提供了不同的角度。本部分研究的思路是：在提出产业政策特征(综合性、多样性和协同性)的基础上，运用非平衡面板数据模型探究产业政策本身特征是否会对产业链不同主体绩效产生影响以及影响的差异性。在分析新能源汽车产业政策对产业绩效影响存在滞后性时，运用VAR模型分析产业政策特征对产业绩效的滞后影响情况。本部分研究，不仅丰富了政策特征研究的内容，而且通过分析产业政策对不同主体影响的差异性，为提高政策制定的精准性、有效性提供参考依据。

基于公众感知的新能源汽车产业政策效果评价，是对政策效果评价的补充。运用文本挖掘的方法从网络信息中提炼出公众对新能源汽车产业政策的感知与反应，从公众的视角分析新能源汽车产业政策执行效果，并从中发现当前政策存在的问题与不足。首先，确定公众对产业政策感知的研究框架；其次，分析公众感知的具体内容，包括感知重要话题、关注度分布以及重要热点话题的情感分析，从而把握公众对新能源汽车产业政策的反应，为完善落实产业政策提供决策支持。

1.3.2 研究内容

本研究围绕基于多源数据的新能源汽车产业政策效果评价展开，主要包括概念界定和理论基础、新能源汽车产业政策效果评价基础、产业政策特征对产业绩效的影响效果和公众感知的产业政策效果评价，具体研究内容如下：

(1)理论基础，包括第1章、第2章。首先，介绍文章的研究背景和意义，对产业政策评价、产业政策作用机理、政策量化及新能源汽车产业政策的国内外研究进行综述，明确目前研究的不足及可以改进的内容，进而确定本书的研究内容、研究方法及创新点；之后，界定产业政策及政策评价的内涵、产业绩效、新能源汽车产业链构成以及多源数据，明确后续研究的边界。

(2)新能源汽车产业政策效果评价基础研究，主要包括第3章、第4章。第3章内容阐述新能源汽车产业政策特征量化的过程，包括政策文本的获取、政策量化的维度以及政策特征的量化指标及方法。第4章内容分析新能源汽车产业政策作用机理：首先，构建新能源汽车产业政策作用机理研究框架；其次，明确产业政策作用环境和主体等，进而构建产业政策作用机理仿真概念模型；最后，基于多主体仿真模型，运用AnyLogic仿真平台分析新能源汽车产业政策对产业绩效的作用机理。

(3)新能源汽车产业政策特征对产业绩效的影响效果评价研究，主要包括第5章、第6章。第5章基于非平衡面板模型分析新能源汽车产业政策综合性、多样性和协同性对产业链上、中、下游产业绩效的影响。第6章是第5章内容的延伸，运用VAR模型分析产业政策特征对上、中、下游产业绩效的滞后影响效果。

(4)基于公众感知的新能源汽车产业政策效果评价，是本书第7章的内容。从公众对新能源汽车产业政策感知的角度，对政策的实施效果进行评价。首先，构建新能源汽车产业政策公众感知研究框架，详细介绍研究框架的理论基础、内容及流程；其次，系统地分析公众对新能源汽车产业政策的感知情况，包括新能源汽车产业政策公众感知的一般特征分析、公众感知的重要话题识别、话题关注度分析，以及对重要热点话题的情感评价，进而发现公众对新能源汽车产业政策的反应；最后，详细分析研究的结果。

(5)完善新能源汽车产业政策的建议，是本书第8章的内容。根据新能源产业政策作用机理研究结论、产业政策特征对产业绩效的影响结果，以及公众感知的新能源汽车产业政策效果评价结果，提出相应的建议，为新能源汽车产业政策的完善提供参考。

(6)对全文研究内容进行总结，给出研究结论，并针对研究的局限性，提出未来研究的方向和展望。

1.3.3 研究方法

(1)内容分析法

内容分析法(Content Analysis)是一种基于定性研究的量化分析方法,最早产生于传播学。美国传播学者 Bernard Berelson 认为内容分析是一种对传播内容进行客观、系统和定量描述的研究方法。内容分析将用语言表示的文献转换为用数量表示的资料,在进行分析时,排除主观判断,从已有材料出发,提炼出反映文献内容本质的量化特性。由于内容分析在分析非结构化文本时,能克服定性研究的主观性和不确定性,因此被广泛用于社会科学领域研究。

本研究将内容分析法运用到对新能源汽车产业政策的量化分析中,根据研究的问题确定对政策文本进行内容分析的角度,制定量化的标准,从政策力度、政策工具两个维度对政策内容进行量化,然后运用统计方法对政策特征进行量化分析。

(2)多主体仿真

多主体仿真(Muliti-Agent-Based Simulation)以复杂适应性为基础,采用"自下而上"的建模思想,强调仿真系统中的微观个体,通过消息机制链接个体,进而形成宏观仿真系统的构建[97]。其建模思路是将社会系统中的机构个体或行为人作为具有自主决策、拥有学习和记忆能力的主体,然后根据主体的实际行为设计仿真主体的行为规则,通过仿真系统中主体的相互作用来研究整个系统的作用规律。多主体仿真建模在复杂系统研究问题中应用广泛,尤其适用于多交互、自治性强、多个主体构成的复杂系统。

本研究运用多主体仿真分析新能源汽车产业政策对产业绩效的作用机理,将新能源汽车产业发展中的政府、产业链不同位置上的企业、消费者等作为主体,通过分析各主体的行为规则属性,呈现政策对产业影响的作用过程，根据仿真结果挖掘产业政策对产业绩效的作用机理，为政策调整提供依据。

(3) 实证研究方法

实证研究(Empirical Research)方法是通过对研究对象的调查、观察获得大量事实、数据，利用统计推断的理论和技术，并经过严格的经验检验，运用数量模型对研究问题进行数量分析的研究方法，目的在于揭示问题的本质联系。实证研究方法回答的是"是什么"或"怎么样"的问题[98]，运用实证研究方法得到的结论是可检验、可确证的。实证研究方法来源于实证主义(Positivism)强调感觉经验、排斥形而上学，将现象当作认识的根源，要求科学知识是"实证的"。

本研究根据研究的问题及研究对象的特点，以新能源汽车产业数据和政策量化数据为基础，通过构建非平衡面板模型和VAR模型分析政策对新能源汽车上、中、下游产业绩效的影响以及滞后效果。

(4) 文本挖掘

文本挖掘(Text Mining)又称文本数据挖掘(Text Data Mining)或文本知识发现(Knowledge Discovery in Texts)，以非结构化的语言文本为挖掘对象，利用数据挖掘技术从大规模的文本集中提出隐含的、未知的、潜在有价值的信息的过程[99]。文本挖掘针对非结构化的自然语言文本，包括在线新闻、社交网络信息、科研论文、专利信息等电子化信息。文本挖掘涉及多学科知识和技术，综合使用数据挖掘、机器学习、统计学和可视化技术等。早期相关的研究关注文本挖掘的模型、文本特征的抽取等，目前已拓展到政策研究领域。

本研究主要运用文本挖掘的方法从社会网络信息中分析公众对新能源汽车产业政策的感知和评价，包括感知话题的类型、话题语义结构、重要感知话题的识别、关注度分析以及情感分析等。

1.3.4 技术路线图

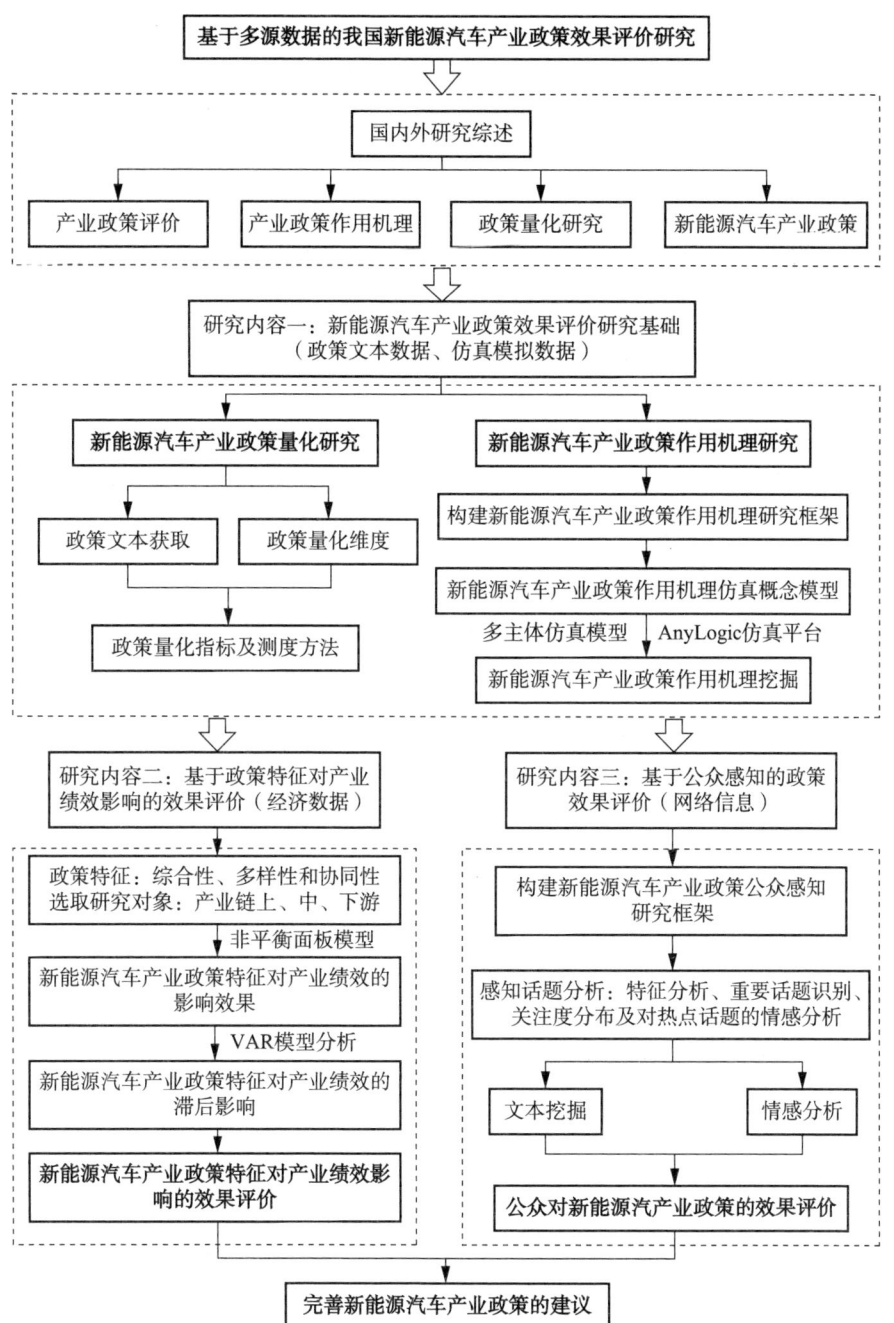

图 1-1 本研究技术路线

1.4 创新点

（1）针对研究现状不足的第一点，揭示新能源汽车产业政策作用机理。基于复杂适应系统理论，在确定新能源汽车产业政策作用环境、政策主体、政策资源、政策作用路径，以及主体行为规则的基础上，构建新能源汽车产业政策作用机理仿真概念模型，运用多主体仿真模型，分析不同政策工具对产业绩效的作用特征和影响规律。研究发现不同政策工具对新能源汽车产业绩效的作用效果具有明显的时序变化特征，对产业绩效的影响程度以及对产业不同主体绩效作用强度存在差异性，且对产业绩效的影响具有明显的传导效果。

（2）针对研究现状不足的第二点，完善新能源汽车产业政策特征量化指标，阐释产业政策特征对产业链不同主体绩效的影响效果。解决以往产业政策特征量化研究存在指标不够系统、方法不够合理，以及忽视产业政策特征对产业不同主体绩效影响的问题。本研究在厘清新能源汽车产业政策类别及政策工具的基础上，从三个维度构建新能源汽车产业政策特征指标，政策综合性代表政策的强度，政策多样性指数代表政策的宽度，政策协同性则表征政策内部的协调程度。在此基础上，运用非平衡面板数据模型和 VAR 模型分析产业政策特征对产业链上、中、下游产业绩效的影响效果。研究结果表明：新能源汽车产业政策的综合性、多样性和协同性对产业链上、中、下游产业绩效的影响呈现复杂性，且不同政策特征对产业绩效滞后影响存在差异性。

（3）针对研究现状不足的第三点，构建基于网络信息挖掘的新能源汽车产业政策公众感知研究框架，发现公众对产业政策的感知和反应，即采用文本挖掘和情感分析法，从公众感知角度，评估新能源汽车产业政策效果，为产业政策效果评价研究提供了新视角和新路径。并据此评估新能源汽车产业政策效果，从发现公众的关注焦点和舆论热点，把握公众对新能源汽车产业政策的反应，进而识别新能源汽车产业政策实施过程中存在的问题与不足，为完善新能源汽车产业政策提供决策依据。研究发现，当前新能源汽车产业政策的扩散性较差，新能源汽车推广配套性政策实施效果未达到公众预期，以及补贴政策实施过程中存在一些问题，这些都需要完善。

第2章

概念界定与理论基础

本章是全文的研究基础，主要界定了产业政策及政策评价、产业绩效的内涵与衡量指标、新能源汽车的分类及产业链构成，以及多源数据。同时，阐述了本研究的理论基础，包括市场失灵理论、幼稚产业保护理论、政策科学理论、复杂适应系统理论和公众参与理论。

2.1 产业政策及政策评价

产业政策的概念被正式使用是在1970年经济合作与发展组织大会上，它出现在日本代表做的有关《日本的产业政策》演讲中。二战后的日本重视运用产业政策来实现经济的赶超战略，并取得巨大成功。日本的成功经验引起了众多学者的关注。下河边淳和管家茂在其著作《现代日本经济事典》中指出，产业政策是对特定产业的扶持，通过政策手段干预市场运行机制，实现对生产要素、商品、金融和市场等资源的配置[100]。美国学者Chalmers Johnson 在其著作 MTIT *and the Japanese Miracle—The Growth of Industrial Policy* 1925-1975 中指出，产业政策是政府有针对性地鼓励或限制某些产业发展的政策总称，产业政策是对财政政策和货币政策的补充[101]。欧盟委员会在定义其横向产业政策（Horizontal Industrial Policy）时指出，"产业政策本质上是横向的，旨在确保有利于产业竞争力的框架条件，其工具也就是企业政策工具，为企业提供条件，使企业家和企业可以利用机会,挖掘思想,进而采取主动行动"[102]。我国著名经济学家林毅夫则认为,产业政策是指中央或地方政府为促进某种产业在该国或该地区发展而有意识地采取的政策措施[103]。尽管不同学者对产业政策的概念理解不同,但不可否认的是,产业政策是政府有选择地促进某些产业部门提高生产力及发展其比较优势[104,105]。

根据产业政策的目的和作用方式,可将产业政策分为选择性产业政策(Selective Industrial Policy)和功能性产业政策(Functional Industrial Policy)[106-108]。选择性产业政策是政府干预产业资源的配置和企业的经营活动而采取的措施,其特点是促进特定产业的生产经营活动,通过对生产要素、市场以及产品价格的直接或间接干预来实现政策目标[109]。选择性产业政策中,政府直接干预甚至替代市场的作用[110]。功能性产业政策是政府通过完善市场制度与环境、维护公平竞争,鼓励产业技术创新,以及通过教育与培训为产业发展提供人力资源保障等。功能性产业政策中,市场处于主导地位,市场机制能否有效运行是产业发展成功与否的决定力量[111,112],政府处于辅助地位,不直接干预产业发展,仅为市场机制的有效运行提供良好的外部环境,并在出现"市场失灵"的领域补充市场机制的不足,政府与市场之间是互补与协同的关系。

通过对产业政策概念及其类型的梳理可知,对产业政策理解的本质是围绕市场与政府的作用、边界和相互关系展开,产业政策的演进过程也是市场与政府边界及关系调整的过程。本书所指的产业政策是指政府基于国家发展以及提升本国综合竞争力而对特定产业进行扶持的政策总和。

政策评价是对相关信息的系统收集和分析,从而对政策在一个或多个领域的环境、活动、特征或结果做出判断,进而为政策制定、采用、实施和有效性提供信息和改进建议,并为政策干预建立证据基础[113]。也有学者认为,"政策评价被视为政策分析的补充,是对政策内容的评价,并确定其影响和后果"[114]。还有学者认为，政策评价是按照一定的主观价值判断和客观价值准则，对政策对象及其实施可能对社会、经济和环境产生影响的综合评价[115]。有学者分析政策评价的驱动因素，认为进行政策评价的原因有如下几点：明确政策的影响、告知政策措施的资金分配、激发有关公共干预形式的辩论以及改善政策干预措施的设计和管理等[116]。政策评价的目的包括确定政策内容需求的关联程度、比较不同的政策以确定关键要素的相似性和差异性、把握政策选择和传递的过程以及改进政策执行和未来政策制定[117]。政策评价包括对短期或中期效果（Outcomes）的评价，评价对象是受众体的行为、意识、态度或知识变化；政策评价还包括对长期效应（Impact）的评价，是对各指标长期变化的评价[118]。

本研究属于政策评价的范畴，聚焦于新能源汽车产业政策的短期效果评价，评价的内容主要聚焦在新能源汽车产业政策对产业绩效的影响效果和基于公众感知的新能源汽车产业政策效果评价。文中所指的"效果"包括新能源汽车产业政策对产业绩效的影响、产业链不同主体的绩效变化以及公众对产业政策的感知和态度。

2.2 产业绩效的概念辨析

产业（Industry）一词在不同学科和不同研究领域中有不同的解释。在政治经济学中，产业主要是指工业。在社会主义经济学理论中，产业是指经济社会的物质生产部门，每个生产和制造某种产品的部门也就成为一个产业部门。而在产业经济学中，产业有广义和狭义之分。广义的产业指国民经济的各行各业，狭义的产业则主要指工业。产业的概念介于微观经济体和宏观经济单位之间的若干"集合"。按照新西兰经济学家费歇尔的三次产业分类法，产业按发展阶段可分为农业、工业和建筑业、流通业和服务业。

绩效（Performance）一词来源于管理学，指组织为实现其目标而开展的活动在不同层面上的有效输出。产业绩效是指在一定的市场结构下，通过厂商行为使产业在产品成本、价格、利润、质量以及技术进步等方面达到的状态。西方经济学中，产业绩效等同于市场绩效，是企业的市场行为带来的经济绩效。由一国或一地区的整体产业所体现的绩效可称为宏观经济绩效，由单个或几个产业所体现的绩效才是西方经济学所指的产业绩效。有学者认为产业绩效是基于微观企业绩效的综合体系，是产业内各个企业绩效的整体表现[119,120]。也有学者认为产业绩效有广义和狭义之分，广义的产业绩效包括经济绩效、环境绩效和社会绩效，而狭义的产业绩效仅包括经济绩效。

产业绩效的界定不同，其衡量指标也不同。经济绩效有衡量产业规模的指标，包括产业总产值、增加值、主营业务收入等；也有衡量产业效益的指标，包括利润率、资本周转率以及劳动生产率。创新绩效包括研发投入指标和研发产出指标。研发投入指标有研发投入费用、研发人员数量、新产品开发费用等；研发产出指标有专利申请数量、专利拥有数量、新产品产值等。环境绩效有工业用水重复利用率、万元产值综合能耗、工业固体废物综合利用率以及工业废气排放达标率等。

本书分析新能源汽车产业政策对产业绩效的影响，主要侧重分析产业政策对产业经济绩效的影响，而产业绩效的衡量指标则采用大多数研究所采用的测量指标，将新能源汽车企业的主营业务收入作为产业绩效的衡量指标。

2.3　新能源汽车及产业链

新能源汽车指采用非常规燃料作为动力来源，或采用新型车载动力装置，综合车辆动力控制和驱动方面的先进技术，形成的具有新技术、新结构的汽车。新能源汽车的主要类型有混合动力汽车、纯电动汽车、燃料电池汽车、氢发动机汽车以及其他新能源汽车等。新能源汽车在不同的国家，由于国情不同，发展历程也不尽相同。早在20世纪50年代，我国就开始尝试自主研发电动汽车，并于1988年生产出电动汽车，但彼时新能源汽车的发展并未上升到国家战略，且仍无法量产。2000年，我国将发展电动汽车列为"863"重大专项之一。之后，出台一系列措施促进新能源汽车产业的发展。随着国家对新能源汽车推广工作的展开，进一步明确了我国发展新能源汽车的范畴，将纯电动汽车、插电式混合动力汽车以及燃料电池汽车划为新能源汽车。美国新能源汽车的发展历程则经历了克林顿时期的混合动力汽车、小布什时期的燃料电池汽车以及奥巴马时期的插电式混合动力汽车，这些均为近期目标，燃料电池汽车为远期目标。日本则以"新一代汽车战略"为主线、各项财政政策为辅助来推动电动汽车的发展，日本的混合动力汽车已实现产业化，且重视燃料电池汽车的发展。德国于2007年将推动电动汽车的发展作为联邦政府的重要工作目标，并于2009年将纯电动汽车和插电式混合动力汽车作为主要发展方向，并在其《国家电动汽车发展计划》中提出到2030年实现新能源汽车保有量达到600万辆。

新能源汽车产业链指与新能源汽车生产相关的各环节，涉及新能源汽车核心部件（电池、电机、电控），及与之相关的原材料（锂矿、正负极材料、隔膜等），延伸至下游的新能源汽车整车制造、相关配套设施等。新能源汽车产业链的构成，具体如图2-1所示。新能源汽车产业链上游企业主要涉及动力电池及锂电池相关的锂矿、正负极材料、隔膜材料和电解液等关键原材料。其中，正负极材料的性能直接影响电池的综合性能；隔膜材料是电池关键组成部分之一，影响电池的容量和安全性；电解液是电池获得高电压和高比能的保证。新能源汽车产业链中游企业涉及新能源汽车的电池、电机、电控及其他零部件。电池是新能源汽车整车最重要的核心部件，主要有磷酸铁锂电池、三元锂电池、镍氢电池和氢燃料电池。电机在新能源汽车上的应用，是代替内燃机发挥驱动作用，以将电能转化为机械能的方式来驱动汽车。电控是指电池管理控制系统，通过监控并反馈电池各项指标及状态，保证车辆安全行驶。由于新能源汽车采用新的动力来源、广泛使用新型材料、区别于传统汽车新建大量配套设施，导致新能源汽车产业链的参与企业更加复杂多样。

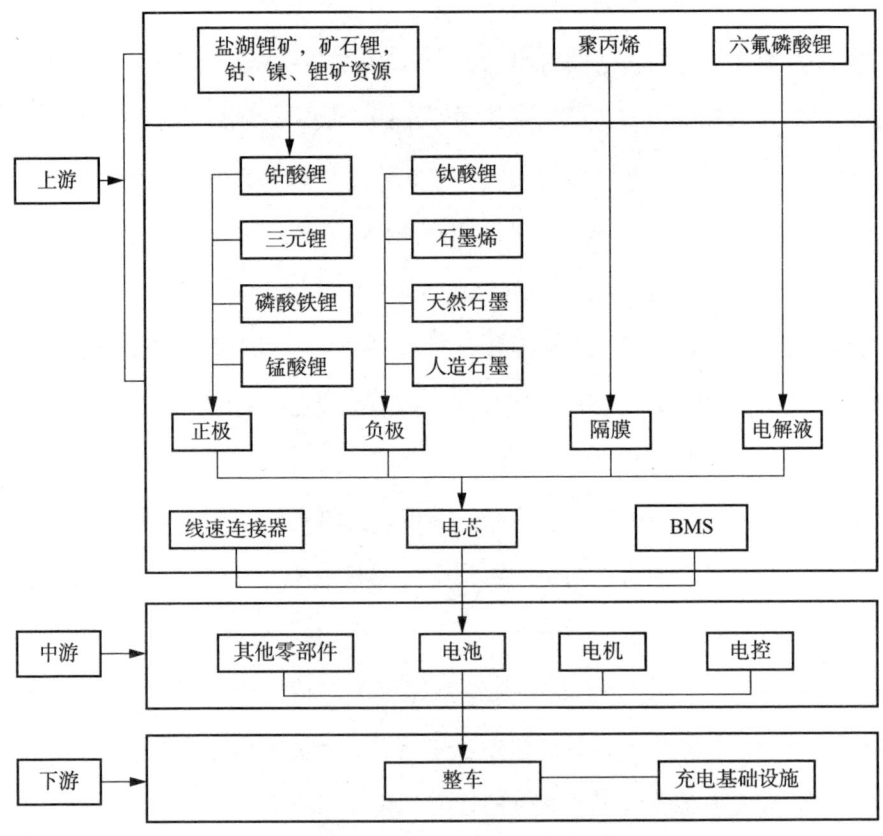

图2-1 新能源汽车产业链构成

资料来源：Wind数据库。

2.4 多源数据

多源数据的概念最早产生于用传感器解决数据一致性问题[124]。随着信息技术的快速发展,数据已经渗透到各个行业和业务职能领域。大数据的发展深刻地影响人们的生活、工作和思维方式,对多源数据的挖掘和利用成为各行各业关注的热点话题。多源数据的运用,为大样本数据挖掘、指标精准量化、多维度综合评价提供了可能性。同时,越来越多的研究证实,通过对多源数据的挖掘能够得到更精准、更高质量的分析结果[125,126]。而有关多源数据概念的界定,目前尚未有统一的认识。有学者认为新的渠道、新的载体所产生的新数据类型构成多源数据[127],也有学者认为多源数据是指不同来源的信息或数据[128],还有学者认为刻画不同主体特征的数据也属于多源数据。

多源数据的应用领域涉及广泛。在知识发现研究领域,运用多源数据进行研究前沿识别、热点领域探测、科技决策需求主体识别以及期刊评价等。在基础设施与公用事业研究领域,越来越多的学者将多源数据用于智慧城市的建设、空间结构识别与优化、基础设施利用率的分析以及城市公共中心体系识别等。在生态环境领域,多源数据也被用于自然生态空间分类体系的构建、生态脆弱性评估、干旱检测、环境污染预测以及山洪灾害分布空间特征等。还有学者融合多种数据集对个人信用进行综合评价,分析用户信息分享行为。此外,多源数据还用于识别企业研发方向以及分析新兴技术发展趋势[140]。

基于以上对多源数据概念的梳理及其应用情况,本研究认为多源数据是指不同来源、不同特征、不同形式、不同结构的信息或数据。本书所用到的数据包括政策文本数据、企业经济数据、网络信息数据以及仿真模拟数据。通过对多源数据的充分利用,从多维度、多角度对新能源汽车产业政策效果做出全面的评价,为完善政策的制定和实施提供参考。

2.5 理论基础

2.5.1 市场失灵理论

市场失灵理论认为由于信息不对称与逆向选择、外部性、不完全竞争市场、委托代理问题以及公共物品等问题的存在[141],使得仅靠市场本身作为资源配置的手段,会导致资源配置的低效,无法达到帕累托最优。市场失灵的概念最早由庇古提出并引入经济学。巴托1958年发表《市场失灵的剖析》,使得市场失灵的概念被广泛接受。之后,经济学家从不同角度和层面对市场失灵问题进行了系统分析,加尔布雷思在《不确定的年代》中将宏观经济不稳定、微观经济无效率和社会不公平等作为市场失灵的重要表现,萨缪尔森将"不合理的收入分配""垄断和外在性"以及"失业的不稳定性"的原因归于市场失灵。

市场失灵理论为政府干预经济活动提供了理论依据,也是政府运用政策工具对产业发展尤其是战略性新兴产业发展进行干预的理论基础之一。我国新能源汽车产业市场失灵的表现主要集中在新能源汽车产业的发展具有外部性。新能源汽车能够有效减少由燃烧化石燃料而产生的温室气体,同时又能降低空气污染[67],对于环境和人类生活具有明显的正外部性。然而,在新能源汽车产业发展初期,由于成本较高,缺乏市场竞争力难以吸引生产者和消费者,因而,需要政府运用"看得见的手"来干预[142,143]。一方面,政府可以运用补贴、税费优惠以及研发支持等措施鼓励新能源汽车企业的生产及技术研发活动。另一方面,政府可运用消费补贴、免征购置税以及政府购买等措施来刺激市场需求。此外,政府还可以通过制定技术标准和行业规范促进新能源汽车产业的健康有序发展。

2.5.2 幼稚产业保护理论

幼稚产业保护理论（Infant Industry Argument）的思想最早可追溯到 17 世纪的重商主义，其出发点是允许在冒险行业及新兴行业实行贸易保护。18 世纪末，美国首任财政部部长 Alexander Hanmilton 最早提出幼稚产业保护理论，他认为相较于英国在工业革命后的快速发展，美国当时的工业属于幼稚工业，需要政府的干预来促进本国工业的发展；他主张采用高关税来保护国内幼稚产业，直至幼稚产业达到在免税的基础上可与他国同类产品进行竞争的水平。1841 年德国经济学家 Friedrich List 在《政治经济学的国民系统》中，系统地提出了以生产力理论和社会发展阶段论为基础，以关税保护制度为核心的幼稚产业保护学说。List 认为，对幼稚产业的保护是政府作为"植树人"的重要职责。关于幼稚产业保护的标准，List 认为应该选择当前发展尚不成熟、受到国外强有力竞争，但通过一段时间的保护（一般为 30 年），能成长壮大并有广阔发展前景的产业。List 有关幼稚产业保护的思想被德国首相 Bismarck 付诸实践，并取得巨大的成功，使德国在短时间内由欠发达的农业国发展成强大的工业国。

List 的思想在世界范围内产生了广泛影响。然而，同样的政策在不同国家、不同产业间的效果却有显著的差异。当幼稚产业保护政策失败时，便会陷入"李斯特陷阱"（List Trap），不仅受保护的产业缺乏自生能力，还浪费了大量的社会资源，使得经济发展中腐败滋生、效率低下，经济发展受阻[147]。一些学者的研究也证实了"李斯特陷阱"的存在[148-150]，也有学者从"要素禀赋结构论""瞄准误差论""市场失灵论"和"现代化抱负论"等方面来解释"李斯特陷阱"出现的原因[151-153]。虽然，学术界对幼稚产业保护理论存在很多争论，但不可否认的是，一国产业的发展是极其复杂的问题，政府采取幼稚产业保护政策时，不仅要遵循比较优势原则，还要明确政府在产业发展过程中的角色定位，运用多样化的政策工具促进幼稚产业的健康可持续发展。新能源汽车产业在发展初期存在很多问题，如核心技术不够成熟、缺乏必要市场、相关的配套设施不完善等；但发展新能源汽车产业符合未来可持续发展方向，因此毫无疑问，新能源汽车产业属于幼稚产业。国家出台各项政策扶持新能源汽车产业的发展，在某种意义上也是基于幼稚产业保护理论。而对新能源汽车产业政策进行评价，则是在幼稚产业保护理论的基础上，进一步分析政策的效果。

2.5.3 政策科学理论

政策科学(Policy Science)源于 Lasswell(1951)在其著作《政策科学：范围与方法的最近发展》中有关政策取向(Policy Orientation)的论述中，强调为了提高决策的合理性，有关政策过程的研究非常有必要，主张整合现有学科并提出构建政策科学学科的设想。Lasswell 在《正在出现的政策科学概念》一文中，将政策科学阐述为对政策过程以及过程中知识相关性的了解，并区分"政策过程的知识"和"政策过程中的知识"。Lasswell 认为前者关注政策过程本身的科学性，即能否按照科学逻辑来建构政策过程；后者关注政策本身，探讨政策本身的科学性，即政策的使用是否科学合理。政策过程的这两种知识具有内在逻辑一致性，两者之间相互促进，共同推进政策本身的科学性。Lasswell 提出了政策科学的五个基本特征：①政策科学是关于民主的学问；②政策科学的目标是追求政策的"合理性"；③政策科学的分析模型须在具体的时空中；④政策科学具有跨学科的性质；⑤政策科学以社会变化为研究对象，须建立动态模型。

Lasswell 对于政策科学前瞻性的构想，为后续研究奠定了基础。之后的 Yehezkel Dror 进一步论证了政策科学的对象、性质、理论和方法，完善了政策科学的"范式"。将政策科学引申到科技产业政策中，美国总统科学顾问、白宫科技政策办公室主任 John Marburger 提出科技政策科学(Science of Science Policy)的思想，主张开展新的量化科技政策交叉学科领域的研究，认为政策制定也需要能够反映科学投入与产出因果关系的政策科学模型。科技政策科学的发展是以需求为导向，为政策制定、政策实施以及政策评估提供科学依据，主张通过定量的方法分析政策现象机理、事件规律和效果评价，为决策提供定量的依据。美国著名科技政策专家 Susan Cozzens 称科技政策科学是新一代的科技与产业政策研究（science and innovation policy studies，简称科技政策研究），科技政策科学是基于跨部门层面，建立在广泛的共同体实践基础上。政策科学理论为政策量化分析、政策评价提供理论依据。本研究基于政策科学理论，对新能源汽车产业政策特征进行量化，并在此基础上分析产业政策特征对产业链不同主体绩效的影响。

2.5.4　复杂适应系统理论

复杂适应系统（Complex Adaptive System，CAS）理论是美国 John Holland 教授于1994年提出的理论，是复杂性科学的重要组成部分，最初被用于生命与物理学科的研究。CAS 理论的核心思想是"适应性造就复杂性"，包括微观和宏观两个方面：微观层面的复杂适应系统中的主体具有适应能力和主动性，能够通过非线性的交互学习调整自身行为来适应环境，且主体与环境的交互作用符合刺激—反应模型；宏观层面中，具有适应性和主动性的主体在与环境交互、不同主体交互的作用中表现出宏观系统中的分化、涌现等复杂演化过程[161,162]。复杂系统理论模型包括基于个体演化的行为模型和基于整体演化的回声（ECHO）模型，即微观层面的行为模型和宏观层面的回声模型。

复杂适应系统理论强调主体的能动性、主体间的交互作用、实现微观和宏观的有机联系，并引入了随机因素，为人们认识、理解以及控制复杂系统提供了新思路和新路径，因而广泛应用于经济、管理、生物以及社会科学研究领域中。经济领域中将 CAS 理论与市场结构理论相结合分析利率选择问题[163]；管理研究领域中运用 CAS 理论关注组织管理的复杂性，如组织领导力动态变化对企业的影响，以及采用不同创新管理模式适应外界环境的动态变化[164,165]；还有学者将复杂适应系统应用到城市规划研究中[166-168]。由于复杂适应系统理论能够分析微观主体和宏观系统的动态变化过程，而政策制定实施和评估不仅涉及众多主体，且随着政策的实施使得整个政策系统处于复杂动态变化的过程；因而，复杂适应系统理论可以作为分析政策制定和实施对产业发展影响的理论基础。

2.5.5 公众参与理论

公众参与源于古典民主理论，主张公民直接参与政治政策。公众参与和民主密不可分，是民主理想的核心构成。无论是古希腊的直接民主，还是近代民主都以政治参与的扩大为重要内涵。公众参与理论是在古典民主理论发展演变过程中形成的。在政策研究语境下，公众参与是指介于政府之外的个人或社会组织，通过各种渠道以直接或间接的方式，参与政策过程并试图影响决策的一切行为和活动。在公民民主意识日益增强以及政府决策方式转变的背景下，公众参与的重要性日益受到重视。我国政府工作报告中也多次提到要重视政府决策的公众参与性，指出扩大公众参与是提高决策科学化民主化的关键，是发展社会主义民主政治建设、社会主义政治文明建设的重要内容。而民主法治的推进，也有力地推动了公众参与决策，公众参与的形式、范围日益多样，参与程度也逐渐加深。

公众参与包含人们对某事物的认识、情感、态度和行动[169]。从参与主体上来看，公众参与指参与政策过程的主体不仅限于官员和专家，还应包括更大范围内的社会参与者，如非政府组织、地方社团、利益集团以及作为普通公民和消费者的个体等。从参与形式上来看，公众参与的形式包括自主性参与、动员性参与、组织化参与、个体化参与、目标性参与和手段性参与。公众参与的目的在于维护其切身利益和公共利益,是确保决策科学化的重要途径。

公众参与科技决策是指在有关科技的议程设置、决策制定、政策形成、执行和评估过程中,公众作为非专业人士参与科技决策的过程。公众参与科技决策是科技领域民主治理发展的内在要求,其实质是作为公民享有参与科技政策的制定、选择和评估等权利[170]。公众参与科技决策既有利于提升科技决策的正当性、强化科技政策的公共性,也有利于防范科技发展的风险性,具有多维价值[171,172]。此外,在科技决策评估中,从公众感知角度进行效果评价,能够了解决策实施过程中存在的问题,为完善决策提供群众意见。

本研究基于公众参与理论,从重视公众参与在政策制定、执行以及评估中的重要性为出发点,以分析公众感知为切入点之一,对新能源汽车产业政策进行效果评价。通过研究把握公众对产业政策的反应,不仅可以了解当前新能源汽车产业政策执行过程中存在的不足,还可以为后续产业政策完善提供参考依据。

2.6 本章小结

本章对产业政策以及政策评价、产业绩效的内涵进行了梳理和总结,介绍新能源汽车及产业链的构成、多源数据的构成及应用领域;并阐述本研究的理论基础包括市场失灵理论、幼稚产业保护理论、政策科学理论、复杂适应系统理论以及公众参与理论,明确本书的研究范畴,为后续研究奠定基础。

第3章

新能源汽车产业政策量化分析及特征研究

本章依据政策科学理论，采用政策量化分析方法，分别阐述了新能源汽车产业政策基本特征、量化维度和政策特征的量化指标，为新能源汽车产业政策作用机理、效果评价奠定基础。

3.1 新能源汽车产业政策文本的获取

新能源汽车产业政策文本是新能源汽车产业政策制定与实施过程中产生的文件，主要包括中央政府及各级行政机关以文件形式颁布的法律、法规、部门规章等。政策文本是分析政策内容、政策特征以及政策演进的重要载体。本书主要分析国家级新能源汽车产业政策，发文单位为全国人大、国务院及直属机构、中央各部委，检索时间截至2018年12月31日。政策文本的收集主要从两个方面展开：①在"北大法宝"中搜索标题中含有"新能源汽车""电动汽车""节能汽车""节能减排"及"新能源"的国家级政策文本；②从主要政府网站中搜索与新能源汽车相关的政策信息，包括中国人大网、中国政府网、工业和信息化部网站、科学与技术部网站、国家发展和改革委员会网站、财政部网站等。此外，本书将新能源汽车产业政策相关的研究数据作为补充资料。通过以上搜索方法，得到初始政策文本227个。对初始政策文本进行逐条验证，并删除部分"情况报告"的文本，最终得到有效文本221个。政策文本类型包括法律、法规、规定、条例、意见、办法、决定、通知以及公告等。

3.2 新能源汽车产业政策文本的基本特征

对新能源汽车产业政策文本的基本情况进行初步分析,分析政策数量年度趋势、政策类别占比情况、颁布部门分布情况、联合发文情况以及政策文本的语义网络结构图等。

3.2.1 政策数量及类别统计

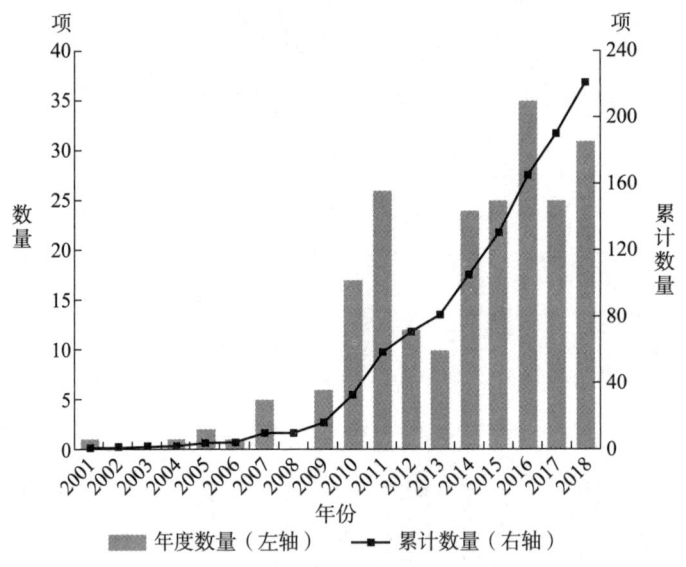

图 3-1 2001—2018 年新能源汽车产业政策颁布数量趋势

由图 3-1 可直观看到 2001—2018 年新能源汽车产业政策颁布数量呈波动式增长,2001 年颁布的政策数量仅为 1 项,到 2018 年颁布的政策数量为 31 项。特别是 2009 年以后,政策颁布数量呈爆发式增长。2012—2013 年,政策颁布数量出现回落,之后进一步增长。政策累计数量的持续增长表明在国家大力支持新能源汽车产业发展的背景下,政府相继出台各类政策支持新能源汽车产业的发展。

根据政策自身的属性特征,对 221 项新能源汽车产业政策文本类别进行统计,具体结果如表 3-1 所示。从不同政策类别的数量来看,新能源汽车产业政策类别以通知、目录、决议和公告为主。通知类政策主要是中央级机构向同级别或下属机构下达新能源汽车相关政策、具体工作实施细则及要求等。目录类政策主要是确定新能源汽车示范推广的车型、免征购置税的车型、车船税减免的车型。决议类政策主要是经济与社会发展决议、中央和地方决议,这些决议中明确提出对发展新能源汽车产业的支持,如推动新能源汽车示范推广、落实税费优惠政策、支持新能源汽车技术的研发以及促进相关基础设施建设等。公告类政策则是批准新能源汽车相关行业标准、技术标准、政策相关事项公告等。

表 3-1 新能源汽车产业政策类型

政策类型	法律法规	意见	办法	规划	决议	目录	通知	公告	函	报告批复
数量/项	4	8	4	9	22	45	88	19	5	17
占比/%	1.8	3.6	1.8	4.1	9.9	20.4	39.8	8.6	2.3	7.7

3.2.2 产业政策主体分析

通过对新能源汽车产业政策颁布主体的分析,可以了解有哪些部门参与到新能源汽车产业政策的制定以及由哪个部门主导,同时也可以了解联合发文的情况。由于我国政府机构历经八次规模较大的改革,多次出现部门新增、撤销、合并等情况,若按照历次改革后的部门情况进行统计,则会造成一定的偏差。因此,本书基于部门行政职能划分和研究的侧重点,按职能将新能源汽车发文机构"归口"为 2016 年尚存的部门。

表 3-2　新能源汽车产业政策颁布部门及联合发文情况

颁布部门	颁布部门数量(大于2属于联合发文)/项							总计	联合发文占比/%
	1	2	3	4	5	6	7	10		
全国人大	25	0	0	0	0	0	0	0	25	0.00
国务院	28	0	0	0	0	0	0	0	28	0.00
主席令	3	0	0	0	0	0	0	0	3	0.00
工业和信息化部	29	28	22	22	6	0	4	1	112	74.11
国家发展和改革委员会	13	2	17	19	4	1	1	1	58	77.59
财政部	2	2	21	18	4	0	1	1	49	95.91
科技部	6	3	3	17	3	1	3	1	37	83.78
国家税务总局	0	26	2	1	0	0	0	1	30	100.00
国家能源局	2	0	0	3	3	0	4	0	12	83.33
国家标准化管理委员会	8	2	0	0	0	0	0	0	10	20.00
国家质量监督检验检疫总局	1	2	0	1	3	0	2	1	10	90.00
商务部	0	0	0	3	2	0	3	1	9	100.00
环境保护部	1	0	0	0	2	1	4	1	9	88.89
交通运输部	4	0	1	1	0	0	3	0	9	55.56
住房城乡建设部	4	0	0	2	0	0	1	0	7	42.86
海关总署	0	0	0	3	1	0	0	1	5	100.00
国务院机关事务管理局	2	0	0	0	1	0	0	0	3	33.33
国家市场监督管理总局	0	0	0	2	0	0	1	0	3	100.00
证监会	2	0	0	0	0	0	0	0	2	0.00
中国科协	0	0	0	0	0	1	0	0	1	100.00
人口资源环境委员会	0	0	0	0	0	0	0	1	1	100.00
知识产权局	0	0	0	0	0	0	1	0	1	100.00
国家工商行政管理总局	0	0	0	0	0	1	0	0	1	100.00
国家认证认可监督管理委员会	1	0	0	0	0	0	0	0	1	0.00
中宣部	0	0	0	0	0	1	0	0	1	100.00

通过统计可知，221项新能源汽车产业政策文本涉及25个不同的政府部门，有近59.28%(131项)的政策是由单部门发布的，40.72%(90项)的政策是由两个部门或两个以上部门联合发布的。表3-2列出了每个部门单

独及联合发布政策的具体情况,由表3-2可知,单独发布政策数量排名前三的机构是:工业和信息化部、国务院和全国人大,表明全国人大和国务院重视新能源汽车产业的发展,政策颁布机构的级别很高。在联合发布的政策中,两部门联合发布的政策数量最多,为32项,其次为四部门联合发布,数量为24项,三部门联合发布的政策数量为22项。2011年9月8日由商务部、发展改革委、科技部等10个部门联合发布的《关于促进战略性新兴产业国际化发展的指导意见》,是联合部门最多的一项政策。而在联合发布政策的部门中,工业和信息化部、国家发展和改革委员会、财政部、科技部和国家税务总局出现的次数较为频繁,说明这五个部门是新能源汽车产业政策的主要制定者。此外,本书还分析了单一部门和联合部门年度发布政策的趋势(见图3-2)。由图3-2可知,单一部门及联合部门发布政策数量都呈现较大的波动性,联合部门发布的政策数量总体上少于单一部门发布的数量,但在2010年及2018年前者的数量超过后者,表明国家开始重视部门之间的联动。

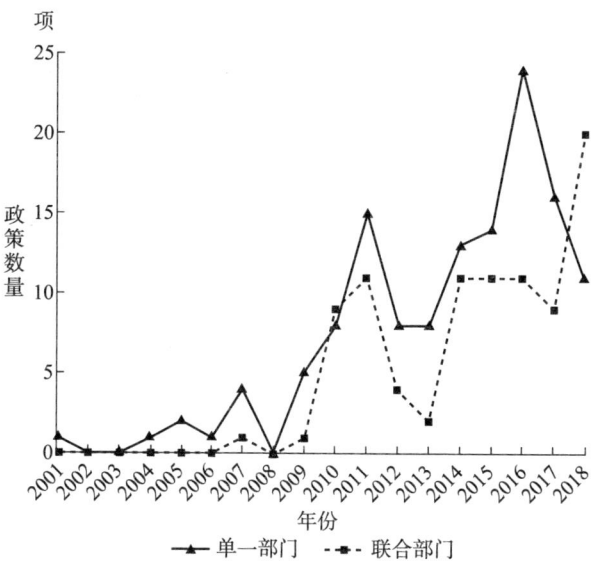

图3-2 单一部门及联合部门发布政策数量年度趋势

3.2.3　产业政策语义网络结构

对新能源汽车产业政策文本进行语义网络分析，可以从整体上了解新能源汽车产业政策的语义结构。将 221 项新能源汽车产业政策文本的标题输入到 ROST Content Mining6 软件中，根据政策文本出现的特定术语，构建新能源汽车产业政策文本分词词库及相应的停用词库，然后抽取高频词共现矩阵，生成语义网络图（见图 3-3）并分析高频词的点度中心性。语义网络图中，节点大小用点度中心性测度，来表示语义网络图中节点的重要性。节点越大，表示该部分内容在整个语义网络中的中心性越强，与之联结的节点越多。

点度中心性分析结果表明，新能源汽车产业政策文本语义网络图中，工业和信息化部（NrmDegree=21.192）、新能源汽车（NrmDegree=14.192）、通知（NrmDegree=13.269）、公告（NrmDegree=12.462）、目录（NrmDegree=10.577）、推广（NrmDegree=9.769）、财政部（NrmDegree=9.654）等词汇的相对点度中心性较高，与这些词紧密相连的词有免征、车辆购置税、车型、规划等。新能源汽车产业政策文本语义网络图表明，新能源汽车产业政策的颁布主体以工业和信息化部为主，国家发展和改革委员会、财政部和科技部是重要的联合部门。涉及政策包括新能源汽车的推广、免征购置税、产业规划以及限定推广的车型目录等。由于本节的语义网络图是基于新能源汽车产业政策文本的标题，能够对总体政策的信息有初步的了解；但是，与政策文本内容相比，政策标题所呈现的信息相对有限。因此，对新能源汽车产业政策文本的量化分析，需要对政策内容进行全面而详细的分析。

第 3 章 新能源汽车产业政策量化分析及特征研究

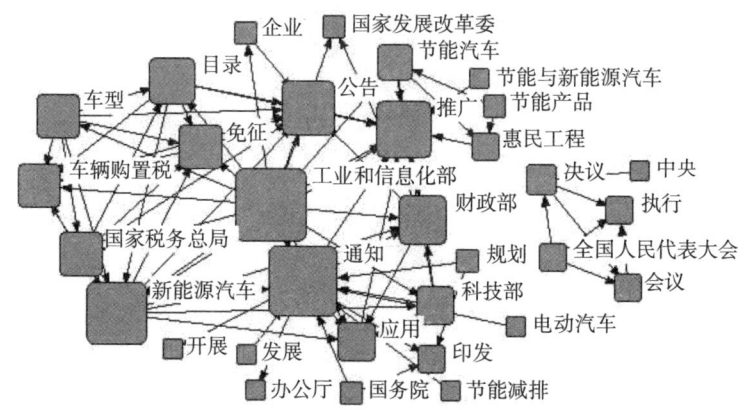

图 3-3 新能源汽车产业政策文本语义网络

3.3 新能源汽车产业政策特征的量化分析

本书借鉴学者对政策量化的研究思路，从政策力度、政策工具对新能源汽车产业政策文本进行量化分析。此外，为了进一步分析政策工具类型对产业绩效的影响，本书借鉴已有研究成果[174,175]，将政策工具类型分为供给面、环境面和需求面。供给面政策指政府直接提供产业发展所需的要素，如人才、信息、技术、资金等，通过对不同要素供给推动产业发展。环境面政策是指政府通过法规管制、政策性策略及公共服务等影响产业发展环境。需求面政策指政府通过政府采购、财务金融及税费优惠等措施刺激市场需求，拉动产业发展。

3.3.1 基于政策力度的政策量化

政策力度代表政策所具有的法律效力，也有学者将政策力度称为政策强度。无论是政策力度还是政策强度，都涉及政策的权威性。而政策权威性与政策的颁布主体以及政策形式有关[176]，政策颁布主体的行政权力越大，政策的影响范围越广[177]。本书借鉴彭纪生等的研究[55]，结合相关政策研究领域专家的意见，根据政策颁布机构的级别和政策形式的类别，将政策力度赋值为1~5分。具体而言，越高级别的领导机构颁布的政策其法律效力越高，政策力度的得分越高。具体的政策力度量化标准如表3-3所示。

表3-3 政策力度评分标准

得分	评分标准
5	全国人大及其常务委员会颁布的法律
4	国务院颁布的条例、决定
3	国务院颁布的意见、办法、方案、规划、计划；各部委的条例、规定
2	国务院颁布的批复、通知、报告；各部委颁布的意见、办法、暂行规定、方案、指南、规划、目录、计划、规范条件、标准
1	各部委颁布的通知、公告、函

3.3.2 基于政策工具的政策量化

政策工具的研究是基于政策的结构性理论，政策结构性理论认为政策是通过一系列基本的单元工具组合而建构的，政策工具反映决策者的公共政策价值和理念[175]。通过对政策工具的分析，可以更加细致地了解政策影响产业发展的作用路径。本书借鉴政策研究领域普遍认可的分类方式，将新能源汽车产业政策分为供给面政策、环境面政策和需求面政策。该政策分类方式从政策工具与措施角度将内容繁多的政策内容进行降维处理，兼顾内容聚合与维度区分，在政策研究领域中被广泛应用[179]。本书结合新能源汽车产业政策的特点，将具体的新能源汽车产业政策工具分为科学与技术开发、教育与培训、试点示范、宣传及资讯服务等10种。具体政策工具类型及其描述如表3-4所示。

表 3-4 新能源汽车产业政策工具类型及描述

类型	政策工具	具体描述
供给面政策	科学与技术开发	涉及技术辅导、咨询、建设技术基础设施等的政策,如建立实验室、创新工程、专业协会、创新联盟
	教育与培训	政府根据产业发展需求,建立人才发展规划,完善教育及培训体系,开拓人才交流渠道,如学科建设、职业教育、培训
	试点示范	为推进产业发展及产品的应用而开展的试点示范工程及相关政策支持
环境面政策	宣传及资讯服务	涉及收集整理国内外产业、技术信息,为技术创新活动提供公共信息服务的政策,如建设信息网络、图书馆、资料库、促进合作交流、环保宣传、鼓励使用新能源汽车
	法规及管制	规范行业发展的各项措施,如行业规范、生产准入、技术标准、投资批准、推广目录、监督管理、知识产权
	政策性策略	基于促进产业发展所制定的各项策略性措施,如规划、鼓励合并或联盟
	公共服务	有关解决社会问题的各项服务性措施,如公共基础建设、充电基础设施建设及相关政策
需求面政策	政府采购	政府通过对新产品的大宗采购,为产业提供明确稳定的市场,从需求端拉动产业发展,如政府部门的各项采购规定(政府采购、公营事业采购、公共事业采购)
	财务金融	直接或间接给予企业各种财务支援,如贷款、研发补贴、特许、贷款保证、出口信用贷款;给予消费者购买补贴
	税费优惠	为促进产业发展,政府给予企业和个人税费上的减免,如租税抵扣、减免间接税、免征购置税/车船税

确定新能源汽车产业政策类型及具体政策工具之后,需要对政策工具进行量化评分。本书借鉴彭纪生、张国兴等以及郭本海等的研究,根据政策工具的详细程度进行量化评分。具体量化标准如表 3-5 所示。

表 3-5　新能源汽车产业政策工具量化标准

政策工具	得分	政策措施量化标准
科学与技术开发	5	给予新能源汽车产业技术创新最大的支持力度，并制定明确的具体的支持计划，明确表明建立技术研发实验室，开展明确的创新工程支持企业创新活动，制定明确的创新奖励规章制度
	3	指明新能源汽车产业技术创新的领域，主张支持新能源汽车产业技术创新，鼓励企业技术创新，出台措施促进建立创新联盟
	1	仅提及或涉及支持新能源汽车产业技术创新
教育与培训	5	根据新能源汽车产业发展需求，建立完备的人才培养规划和专业技能培训体系，制定明确的教育和培训规划；对人才的技术创新、科技转化等活动建章立制，予以规范和保障
	3	鼓励企业重视发展职业教育和岗位技能培训，加大新能源汽车工程技术人员和专业技能人才的培养；提供相应的政策支持紧缺型人才的教育和培训
	1	仅提及或涉及专业人才的教育和培训
试点示范	5	大力支持新能源汽车试点示范，制定明确的试点示范的计划、目标，并制定相应的配套措施及实施细则
	3	支持试点示范工程，确定试点示范的范围，强调试点示范的重要性，表示继续推进相关工作
	1	仅提及或涉及开展试点示范
宣传及资讯服务	5	大力支持宣传及资讯服务，并制定明确的实施方案及相应的配套措施；明确要求相关部门开展宣传及资讯服务，并给予相应的保障
	3	强调宣传及资讯服务的重要性，支持不同形式的宣传及资讯活动
	1	仅提及或涉及宣传、资讯服务
法规及管制	5	根据产业发展的特点制定明确的新能源汽车行业规范、清晰的技术标准、投资资质要求，各项标准明确而具体；明确的监管主体及流程
	3	规划、建议制定新能源汽车行业标准性文件，文件规定不涉及量化数据，仅做定性规定
	1	颁布产品推广的目录、投资核准的名单
政策性策略	5	制定明确的行业发展规划、各阶段性目标具体而明确，明确指出研发重点；有相应的配套措施及实施步骤
	3	指出行业发展的方向和目标，明确不同层面的目标，提出鼓励建立产业联盟
	1	仅提及产业发展规划

续表

政策工具	得分	政策措施量化标准
公共服务	5	大力支持充电基础设施建设，制定明确的充电基础设施建设规划和目标，并有相应的配套措施；制定充电基础设施管理规范，减少充电基础设施建设审批程序等
	3	强调充电基础设施建设的重要性，鼓励企业参与基础设施建设，提出加强基础设施建设
	1	仅提及充电基础设施建设
政府采购	5	将新能源汽车列为政府采购及公共服务领域应用范围，明确政府采购的范围、目标及实施计划
	3	提出加大政府采购的力度，提高公共车辆中新能源汽车占比
	1	仅提及政府采购
财务金融	5	制定明确的财务支援标准及实施计划，如补贴标准、贷款优惠力度、多元化信贷服务等，具有详细的落实方案、保障措施和责任单位
	3	提出补贴或其他形式的财务支援政策初步的实施方案、草案
	1	仅提及对企业的财务金融支持
税费优惠	5	从立法层面明确表示免征车船税、购置税等；制定明确的针对企业的税收减免制度和管理办法等，有详细的落实方案、保障措施和责任单位
	3	提出税费优惠政策初步实施方案、草案
	1	仅提及税费优惠，颁布免征购置税目录

注：量化标准评分分值为 5、4、3、2、1，表中仅列出 5 分、3 分、1 分值的标准，4 分、2 分介于其间。

确定政策力度及政策工具量化标准后，邀请政策研究领域的 5 位研究生对 221 个新能源汽车产业政策文本进行评分。首先，为保证政策量化的可操作性和准确性，我们对评分人员进行培训，详细讲解量化的标准，对于存在疑问的条目进行讨论或修改，确保各位评分人充分理解量化标准。其次，随机选取 10 个政策文本进行预评分，5 位评分者的 Kendall's Wa 系数为 0.682，评分结果的一致性不够高，未达到普遍认可的标准[180]；针对出现的分歧进行讨论并进一步优化量化标准；之后，根据优化后的量化标准，随机选取另外10个政策文本进行评分，5位评分者的Kendall's Wa系数为0.869，评分结果的一致性较高。最后，进入正式评分阶段，将221个政策文本分配给5位评分者，评分结束后分析评分者的综合Kendall's Wa系数为0.852，评分者的意见较为统一。同时，对于评分不一致的政策文本，先由评分人员讨论协商后重新打分，而后邀请5名科技产业政策研究领域的专家进行讨论，获得专家们的认可。

3.4 新能源汽车产业政策特征量化指标

3.4.1 产业政策综合性

政策综合性表征政府运用不同类型政策工具干预新能源汽车产业发展的综合力度，是政策力度与政策工具使用的综合情况，其量化得分以政策力度、政策形式、政策工具的量化评分为基础。本书借鉴以往学者的相关研究，首先对新能源汽车产业政策力度、政策形式、政策工具等的得分进行预处理，然后对2001—2018年每年新颁布的不同类型的政策工具得分进行累计。

$$PS_{ti} = \sum_{j=1}^{N} Score_{tji} \times P_{ij} \quad t \in \{2001, 2002, 2003, \cdots, 2017, 2018\}$$
$$i \in \{1, 2, 3\} \tag{3-1}$$

其中，t代表年份；j代表第t年的第j条新能源汽车产业政策；i代表不同类型的政策工具（$i=1$代表供给面政策，$i=2$代表环境面政策，$i=3$代表需求面政策）；N代表第t年颁布的新能源汽车产业政策总数；$Score_{tji}$代表第t年第j条政策的第i类政策工具得分；P_{ij}代表第t年第j条政策的力度；PS_{ti}代表第t年颁布第i类政策工具得分总和。

由于科技产业政策具有一定的时效性，本书根据新能源汽车产业政策的失效、废止的情况，对当年度的有效政策进行加总，得到各年度不同类型政策的有效得分。

$$NPS_{ti} = NPS_{ti-1} + PS_{ti} - \sum_{j=1}^{N^*} Score_{tji} \times P_{tj}$$

$t \in \{2001, 2002, 2003, \cdots, 2017, 2018\}$ $i \in \{1, 2, 3\}$ （3-2）

其中，NPS_{ti}为各年度不同类型政策的有效得分；N^*代表第t年失效的新能源汽车产业政策总数。

本书用每年各类型政策的得分总和PMC_t来代表年度政策综合性，其计算方法如公式(3-3)所示。通过图3-4可以直观看到新能源汽车产业政策的综合性得分总体呈不断上升的趋势，特别是2009年之后，上升的幅度逐渐增大。从新能源汽车产业政策综合性指数趋势图也可以看出国家对于新能源汽车产业发展的重视程度，政策颁布的数量增多，政策的力度加大，综合性也同步增加。

$$PMC_t = \sum_{i=1}^{3} NPS_{ti} \quad t \in \{2001, 2002, 2003, \cdots, 2017, 2018\}$$

$$i \in \{1, 2, 3\} \qquad (3-3)$$

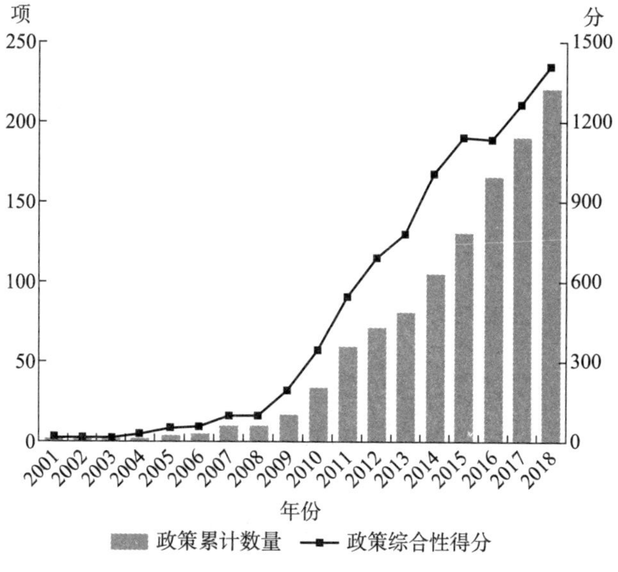

图3-4 新能源汽车产业政策累计数量及政策综合性得分

3.4.2 产业政策多样性

产业政策多样性是指不同种类政策工具的使用情况。目前有关政策多样性的研究主要分析政策多样性的重要性,以及特定政策的多样性情况,鲜有研究明确给出政策多样性的测量指标。明确政策多样性的衡量指标对于政策量化分析及政策效果评估具有重要的意义。

新能源汽车产业作为战略性新兴产业,在发展初期面临着核心技术不够成熟、产品缺乏竞争力、配套设施不完善以及市场需求不足等问题,单一政策无法解决这些问题,需要应用多种政策工具来促进产业发展。有关政策多样性尚无学者给出明确的测量方式,以往学者运用不同类型政策工具的累计值来代表政策的综合性,却忽视了政策内部的多样性。有关多样性的研究有生物多样性、组织多样性、文化多样性以及产业多样性等研究,不同研究领域对多样性的测度方法不同。对比不同多样性测量方法,本书认为可将生物多样性测度指数——香农—威纳指数应用于政策多样性的测度中,具体测算方法如公式(3-4)所示。

$$PDI_t = -\sum_{i=1}^{3} NPS_{ti} \ln(NPS_{ti}) \quad t \in \{2001, 2002, 2003, \cdots, 2017, 2018\}$$
$$i \in \{1, 2, 3\} \qquad (3-4)$$

其中,PDI_t 为第 t 年的政策多样性指数;NPS_{ti} 为第 t 年第 i 类政策工具的有效得分所占的比例。

通过计算得到2001—2018年新能源汽车产业政策多样性指数,为了对比分析年度政策数量以及政策多样性指数,图3-5列出两个指标的柱状图和曲线图。由图3-5可知,2001—2008年,新能源汽车年度多样性指数及政策数量均处于较低水平。有四个年份的多样性指数为0,表明在该时期内政府颁布的政策数量少且在已颁布的政策中同质化程度较高。2009—2018年新能源汽车产业政策多样性指数呈波动式上升趋势,表明我国政府

第 3 章 新能源汽车产业政策量化分析及特征研究

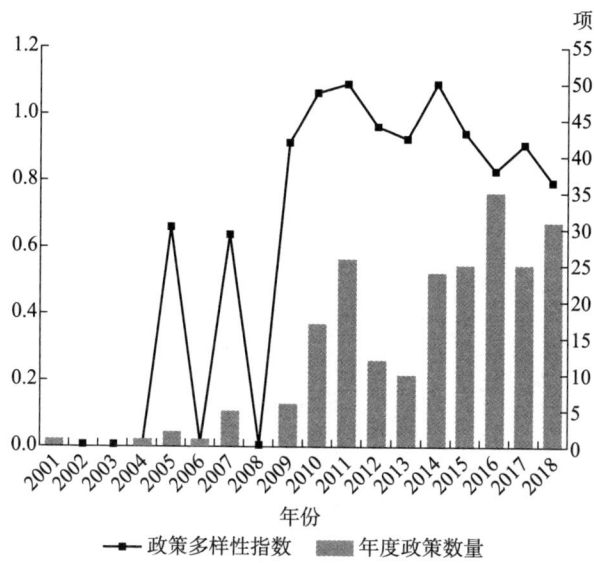

图 3-5 新能源汽车年度政策数量及政策多样性指数

开始注重运用不同的政策手段对新能源汽车产业进行调控。值得注意的是，通过对比年度政策数量和政策多样性的趋势，可知政策数量会影响政策的多样性，但并不意味着数量多的政策必然会得到较高的多样性指数。如在 2016 年政策数量达到最高值，然而政策多样性却明显下降（从前一年度的 0.94 下降到 0.82）。

3.4.3 产业政策协同性

产业政策协同性的理论基础是协同学。协同学（Synergetics）是由德国物理学家赫尔曼·哈肯提出的可广泛应用的现代横断学科，是系统科学的重要分支理论。哈肯在研究激光和其他非平衡系统的过程中发现，在许多不同领域中有序结构的形成具有普遍规律和共同特征，且这种变化的类似性服从相同或相似的数字方程。在此基础上，哈肯提出协同理论。协同理论主要研究系统各要素之间、要素与系统之间、系统与环境之间协调、同步、合作和互补的关系[185,186]，该理论广泛用于自然科学、工程技术以及社会科学领域中。而将协同学引入到政策研究领域中,是由于政策制定主体网络格局的出现,以及政策运行环境的复杂性和不确定性,要求政策的制定和实施具有协同性进而能够应对动态变化的环境[187,188]。然而,不同政策主体制定政策的出发点不同,政策侧重点不同,因而可能会出现政策目标相互冲突或竞争的情况,政策协同则是解决政策冲突的有效途径[189]。政策协同不仅有助于维持政策在环境变化中的稳定性,而且恰当的政策协同其绩效优于单一政策的绩效[190-192]。

有关政策协同的界定和度量指标,有学者认为政策协同包括政策目标协同和政策措施协同,并将政策工具得分的乘积作为政策协同情况的衡量指标[55,95];也有学者认为政策协同应包括政策主体间的协同,主张将联合发文情况作为政策主体协同的衡量指标[56,173]。Vakili等认为政策的协同应该关注政府与公益组织、行业自组织等非政府组织之间的协同[193];Hughes等主张要重视政策制定与政策评估之间的协同[194];Goel和Hsieh通过分析OECD国家政府研发支出与污染减排支出之间的相关关系来确定环境政策与技术政策的协调性。这些文献丰富了政策协同的研究,但缺少从政策本身的角度系统性分析不同政策类型之间的协同性[195]。

根据上述分析,本书认为新能源汽车产业政策协同性是指不同类型产业政策之间的协同程度,包括供给面政策、环境面政策和需求面政策之间的协同。关于新能源汽车产业政策协同性,本研究引入复合系统协同度模型[196,197],构建新能源汽车产业政策协同度测度模型,包括新能源汽车产业政策子系统有序度模型、复合系统协同度模型以及协同度测度指标体系。

(1)新能源汽车产业政策子系统有序度模型

根据第3.3章节对新能源汽车产业政策的分类,将新能源汽车产业政策的三类政策:供给面政策、环境面政策以及需求面政策作为政策复合系

统 $S=\{S_1, S_2, S_3\}$,其中 S_1 为供给面政策子系统,S_2 为环境面政策子系统,S_3 为需求面政策子系统。假定 S_m,$m \in \{1, 2, 3\}$ 发展过程中的序参量为 $e_m = (e_{m1}, e_{m2}, \cdots, e_{mn})$,其中,$n \geq 1$,$\beta_{mj} \leq e_{mj} \leq \alpha_{mj}$,$j = 1, 2, 3\cdots, n$,$\alpha_{mj}$ 和 β_{mj} 分别为系统临界点序参量分量 e_{mj} 的上限和下限。若 e_{m1},e_{m2},$\cdots$,e_{mk} 为正向指标,其取值越大,系统的有序度越高;若 e_{mk+1},e_{mk+2},$\cdots$,e_{mn} 为逆向指标,其取值越大,系统的有序度就越低。设 $\mu_m(e_{mj})$ 为子系统 S_m 的序参量分量的系统有序度,$\mu_m(e_{mj})$ 的计算如公式(3-5)所示。

$$\mu_m(e_{mj}) = \begin{cases} \dfrac{e_{mj} - \beta_{mj}}{\alpha_{mj} - \beta_{mj}} & j \in [1, k] \\ \dfrac{\alpha_{mj} - e_{mj}}{\alpha_{mj} - \beta_{mj}} & j \in [k+1, n] \end{cases} \quad (3-5)$$

$\mu_m(e_{mj}) \in [0, 1]$,$\mu_m(e_{mj})$ 的数值越大,则表明序参量分量 e_{mj} 对系统有序的作用越大。各序参量分量对于子系统有序程度的贡献可通过 $\mu_m(e_{mj})$ 的集成测算,本书采用线性加权求和法进行集成,即:

$$\mu_m(e_{mj}) = \sum_{j=1}^{n} \lambda_j \mu_m(e_{mj}) \quad \lambda_m \geq 0, \sum_{j=1}^{n} \lambda_j = 1 \quad (3-6)$$

$\mu_m(e_{mj})$ 为新能源汽车产业政策子系统有序度,即三类政策的系统有序度,λ_m 为权重系数,表示 e_{mj} 在系统有序运行的重要程度。

(2)新能源汽车产业政策复合系统协同度模型

假设在初始时刻 t_0,供给面政策子系统有序度为 $\mu_1^0(e_1)$,环境面政策子系统有序度为 $\mu_2^0(e_2)$,需求面政策子系统有序度为 $\mu_3^0(e_3)$;在整个新能源汽车产业政策系统演变到另一时刻 t_1,三类新能源汽车产业政策子系统有序度分别为:$\mu_1^1(e_1)$、$\mu_2^1(e_2)$、$\mu_3^1(e_3)$,则复合系统的协同度为 PCS_{12}、PCS_{13}、PCS_{23} 分别为供给面政策与环境面政策的协同度、供给面政策与需求面政策的协同度、环境面政策与需求面政策的协同度,计算方法如式

(3-7)~式(3-12)所示。$PCS \in [-1, 1]$，其值越大，表明两类政策子系统的复合系统协同度越高，反之则越低。

$$PCS_{12} = \text{sign}(g) \times \sqrt{|\mu_1^1(e_1) - \mu_1^0(e_1)||\mu_2^1(e_2) - \mu_2^0(e_2)|} \quad (3-7)$$

$$\text{sign}(g) = \begin{cases} 1, & \mu_1^1(e_1) - \mu_1^0(e_1) > 0 \text{ 且 } \mu_2^1(e_2) - \mu_2^0(e_2) > 0 \\ -1, & \text{其他} \end{cases} \quad (3-8)$$

$$PCS_{13} = \text{sign}(g) \times \sqrt{|\mu_1^1(e_1) - \mu_1^0(e_1)||\mu_3^1(e_3) - \mu_3^0(e_3)|} \quad (3-9)$$

$$\text{sign}(g) = \begin{cases} 1, & \mu_1^1(e_1) - \mu_1^0(e_1) > 0 \text{ 且 } \mu_3^1(e_3) - \mu_3^0(e_3) > 0 \\ -1, & \text{其他} \end{cases} \quad (3-10)$$

$$PCS_{23} = \text{sign}(g) \times \sqrt{|\mu_2^1(e_2) - \mu_2^0(e_2)||\mu_3^1(e_3) - \mu_3^0(e_3)|} \quad (3-11)$$

$$\text{sign}(g) = \begin{cases} 1, & \mu_2^1(e_2) - \mu_2^0(e_2) > 0 \text{ 且 } \mu_3^1(e_3) - \mu_3^0(e_3) > 0 \\ -1, & \text{其他} \end{cases} \quad (3-12)$$

（3）政策协同性测算

本书将三类政策的政策工具作为测度不同类型政策协同的指标，通过基于政策力度和政策工具的量化得到政策工具的得分。由于政策工具得分的量纲相同，因此不必对数据进行标准化处理。在计算三类政策子系统有序度前，需要确定各政策工具的权重。关于政策工具重要性的判断缺乏一致认可的标准，而主观赋权法会受到决策者主观意志的影响，所以本书采用客观赋权法以定量分析的方式确定政策工具的权重。客观赋权法有主成分分析法、标准离差法、熵权法以及 CRITIC（Criteria Importance Through Intercriteria Correlation）赋值法。有学者通过比较不同客观赋权法的结果发现 CRITIC 赋值法的效果更好[198]，故本书采用该方法对子系统政策工具进行客观赋权。CRITIC 赋值法的基本原理如式（3-13）所示。

$$\omega_m = \frac{\sigma_m \cdot \sum_{j=1}^{n}(1 - \gamma_{jm})}{\sum_{j=1}^{n}\left(\sigma_m \cdot \sum_{j=1}^{n}(1 - \gamma_{jm})\right)} \quad m = 1, 2, 3 \cdots, n \quad (3-13)$$

其中，ω_m 表示第 m 个政策工具的客观权重；σ_m 表示第 m 个政策工具得分的标准差；γ_{jm} 表示第 j 个政策工具与第 m 个政策工具之间的相关系数。

通过公式计算各政策工具的权重，之后根据有序度模型计算出三类新能源汽车产业政策子系统的有序度，最后计算出2001—2018年三类政策两两组合的复合系统协同性(见图3-6)。由图3-6可知，三类政策两两之间的协同性指数呈现的波动性较大，尤其是供给面政策与需求面政策之间的协同性，其波动幅度最大，其次是环境面政策与需求面政策之间的协同性。此外，2001—2008年三类政策的协同性指数都比较低，主要原因是，该时期为新能源汽车产业发展初期，在此期间颁布的政策主要涉及新能源汽车研发支持项目、生产准入等，相关的配套政策少，政策的协同性低。

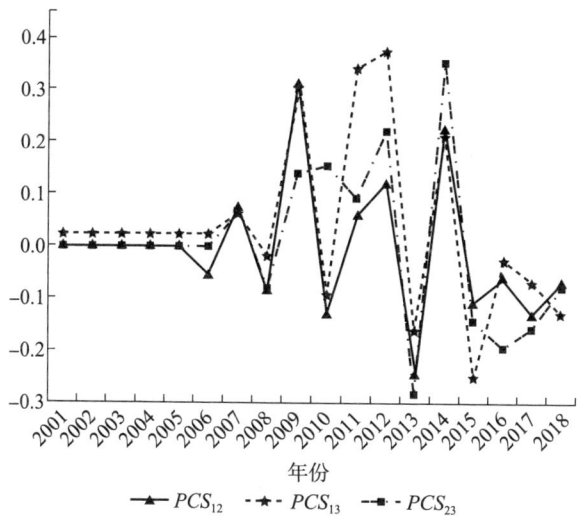

图3-6　新能源汽车产业政策协同性

3.5　本章小结

本章内容主要围绕新能源汽车产业政策特征量化展开,包括政策文本的获取、基本情况统计分析、政策量化的两个维度以及三个政策特征(综合性、多样性、协同性)量化指标的测算。对新能源汽车产业政策的量化分析,是后续分析新能源汽车产业政策对产业绩效影响效果的基础。

第4章

新能源汽车产业政策作用机理研究

本章是全书重要内容之一，主要围绕探究新能源汽车产业政策作用机理展开。基于复杂适应系统理论，在明确产业政策作用环境、政策主体、政策资源以及主体行为规则的基础上，构建新能源汽车产业政策作用机理仿真概念模型，运用 AnyLogic 仿真平台分析新能源汽车产业政策对产业绩效的作用机理，既为产业政策评价效果提供理论基础，也为完善产业政策提供参考。

4.1　新能源汽车产业政策作用机理研究框架

产业政策对产业发展的影响是一个复杂动态变化的过程，不同类型政策工具的目标不同，对产业不同主体影响程度和传导速度也各有差异，而政策实施过程中的混合和交叉又进一步加剧了政策影响的复杂性[199]。分析新能源汽车产业政策对产业绩效影响的作用机理，就是在复杂动态的状态下试图找到政策影响产业绩效的作用路径和影响方式。新能源汽车产业政策作用机理是指，产业政策发挥作用的制约要素、作用路径、作用结果之间的关系，其中制约要素包括政策作用环境、政策资源和政策主体，作用路径指政策作用于目标对象的路径，作用结果是不同政策工具对产业绩效产生的影响。

政策作用环境是指政策制定及实施过程中所处的内、外部环境，包括产业内部环境和产业外部环境。内部环境包括产业发展、产业壁垒和产业竞争。外部环境包括产业政治环境、经济环境、社会文化环境以及法律法规。只有充分了解政策所处的环境和现实背景，才能够兼顾多方面影响因素，保证政策的顺利实施。政策资源是指政策制定者所使用的各种政策工具，有关新能源汽车产业政策工具的分类，已在第3.3章节将新能源汽车产业政策分为三类10种政策工具。政策主体是指政策制定者与执行者，前者指各级政府相关部门和机构，后者指政策作用的客体，包括企业、科研机构以及消费者等。政策制定主体运用不同政策工具对产业的发展施加影响。政策执行主体则代表政策的影响对象，本研究的政策执行主体主要指新能源汽车产业链不同位置的企业。主体行为规则是企业在受到政策刺激之后，做出反应的依据。

新能源汽车产业政策作用机理研究框架，是将分析产业政策作用机理的构成要素和逻辑结构通过流程图的方式呈现出来。研究框架构成要素包括政策环境、政策主体（制定主体和执行主体）、政策工具、作用路径和行为机制。研究框架的逻辑结构是：首先，根据研究的目的，明确政策环境和政策主体，分析政策环境的构成和主要的政策主体；其次，明晰政策资源即政策工具的构成以及作用路径；然后，分析在政策的影响作用下政策主体的行为规则；最后，通过多主体仿真将产业政策对产业绩效的作用结果呈现出来，揭示产业政策作用机理。新能源汽车产业政策作用机理研究框架如图4-1所示。

第4章 新能源汽车产业政策作用机理研究

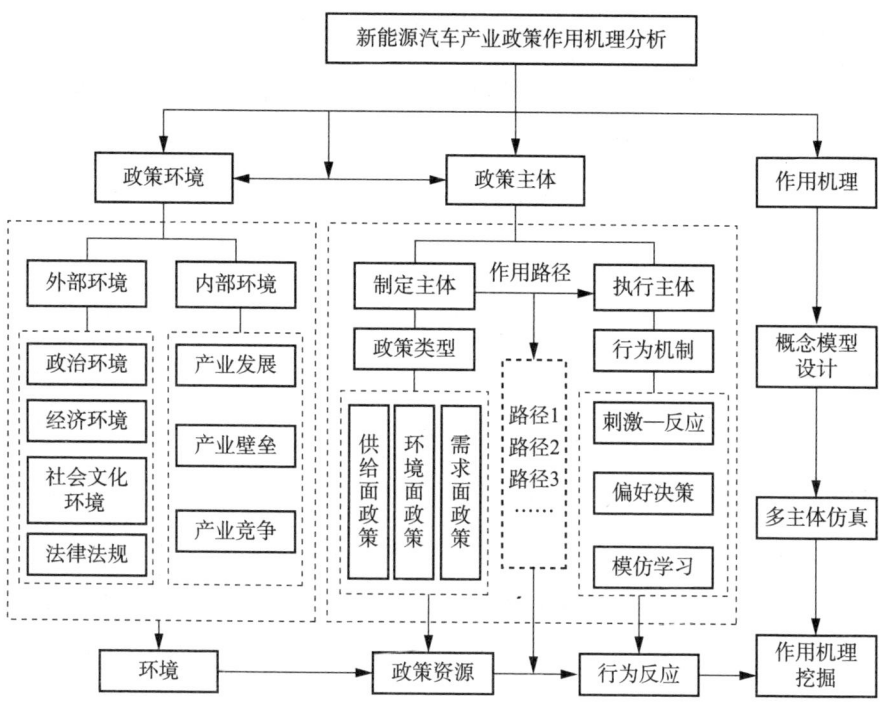

图 4-1 新能源汽车产业政策作用机理研究框架

4.2 新能源汽车产业政策作用环境分析

新能源汽车产业政策的制定与实施会受到很多因素的影响,不同环境背景下,产业政策的作用过程和结果会受到相应的影响。而针对具体产业的政策,则会受到产业外部环境以及内部环境的影响。产业外部环境主要包括政治、经济、社会文化、法律法规等,产业内部环境主要包括产业发展阶段、产业壁垒、产业内竞争状况等。

4.2.1 产业外部环境

政治环境是新能源汽车产业政策发挥作用不可忽视的因素,包括国际政治环境和国内政治环境。国际政治局势的稳定、国家间和谐的经贸往来，有利于本国根据其发展战略制定相应的产业发展规划以及产业扶持政策。国内政治环境的稳定是新能源汽车产业政策制定以及执行的必要前提。此外，政治环境中政策制定部门之间的博弈、合作，政策扩散的有效性以及政策执行的效率都会影响产业政策的作用效果。

经济环境是影响新能源汽车产业政策作用效果的重要因素之一，影响新能源汽车产业政策的制定、实施、评估以及完善的全过程。具体而言，新能源汽车产业政策的制定与实施是国家对产业发展配置资源的过程，其前提是现有的经济环境所能提供的资源。新能源汽车产业政策的制定和执行需要经济资源的支持，如对特定产业的补贴、对新技术的研发支持是以强大的财政实力为支撑的。此外，经济态势运行良好有助于新能源汽车产业政策实现其预期效果，如经济上行的环境不仅会增加投资者的信心，还会刺激消费，有助于供给与需求的良性互动，促进产业政策目标的实现。

社会文化环境是特定社会形态下形成的信念、道德规范、价值观念、宗教信仰以及风俗习惯等。社会环境对新能源汽车产业政策作用效果的影响主要体现在社会心理以及教育文化对政策制定、执行的影响。社会心理状态会影响人们对新事物、新技术的态度。而新能源汽车产业政策的主要目标是鼓励产业、企业的创新行为以及鼓励公众使用新型节能汽车，社会心理对战略性新兴产业的高接受度，有助于公众对相关产业政策的理解和认可，反之，则会对产业政策的执行造成阻力。此外，公众的整体受教育水平在一定程度上也会影响产业政策的制定、执行和反馈。产业政策的制定是决策部门以及相关智库对当前以及未来社会发展、技术进步、产业革新趋势等做出的判断，决策部门的洞察力影响着产业政策制定的质量。

法律法规对新能源汽车产业政策作用效果提供辅助与支撑，如《节约能源法》中明确对新型节能汽车开发、生产、使用的支持，全国人大批准的国民经济与社会发展计划决议中明确新能源汽车试点示范工作的开展、对新能源汽车技术研发以及相关基础设施建设的支持,车船税法中对新能源汽车免征车船税。这些法律法规的实施从供给、需求以及环境面给予新能源汽车产业全方位的支持,促进新能源汽车产业的发展。

4.2.2 产业内部环境

产业的发展一般会经历萌芽、发展、成熟以及衰退的过程。新能源汽车产业在不同发展阶段所需要的资源不同。成功的产业政策要根据产业发展的阶段特征,谨慎地选择政策工具以及使用政策工具的切入时机和持续时间。在萌芽期,由于新能源汽车产业面临的风险和不确定性比传统汽车产业要大,缺乏创新动力,需要政府通过政策工具从需求端为产业提供资金支持以及相关政策优惠,同时从供给端对技术研发给予支持,提高企业的创新积极性。在产业发展阶段,创新的风险降低,产品创新与工艺创新并行,产业的参与者增多;此时,产业政策应在维持产业发展动力的基础上,进一步规范产业发展环境及市场秩序,促进产业健康有序发展。在新能源汽车产业成熟阶段,生产技术逐渐走向成熟、稳定,产品的标准化程度高,产业链完善;此时,产业政策应注重对需求面政策工具的使用,刺激市场需求,进而拉动产业发展。在产业衰退期,产业的技术或创新活动递减,产业链萎缩,产业政策要积极引导产业升级革新。

产业壁垒是指企业进入或退出不同产业、市场和地域遇到的障碍。产业壁垒的高低也会在一定程度上影响产业政策的作用效果。产业政策的目标之一是促进战略性新兴产业的发展,若产业壁垒较高,则阻碍了资源的优化配置,需要产业政策给予引导来激活产业的创新活力,促进产业发展。与此同时,也要关注因政策扶持所造成的产业壁垒,如地方保护主义、特许经营、绿色壁垒等的存在也会影响产业政策的作用效果。

产业内竞争状况是指产业链不同环节竞争者的数量及力量对比情况,

一般可分为完全垄断、寡头垄断、垄断竞争以及完全竞争四类情况。产业政策的运用要结合产业内竞争状况，灵活使用政策工具，才能发挥政策最大的效用。对于新能源汽车产业而言，在发展初期，由于风险及不确定性较高，产业内参与者较少且主动性不高，政府需运用政策手段有针对性地降低企业的风险，鼓励企业参与到生产及研发活动中。当产业内参与者逐渐增多，竞争加剧，政府可以通过设定技术标准以及补贴门槛引导企业开展创新活动，为市场提供高质量产品。当产业处于完全垄断和寡头垄断且破坏了正常的行业竞争秩序时，政府则有必要运用行政手段进行干预，恢复市场秩序。

4.3 新能源汽车产业政策相关主体分析

在新能源汽车产业政策作用机理分析框架中，政策作用主体主要包括制定主体和执行主体，制定主体指制定新能源汽车产业政策的政府机构，而执行主体指新能源汽车产业链上的企业。在研究框架之外，新能源汽车产业政策实施过程中还涉及科研机构、公众以及其他利益相关者。

4.3.1 政府主体

政府是新能源汽车产业政策制定、执行、评估的主体，通过运用具体的政策工具对企业、科研机构或个体创新活动进行引导、支持，进而促进产业的发展。从行政级别的划分来看，政府主体包括国家级的全国人大、国务院各部委，以及省市级地方政府部门等。我国政策的传导路径一般为自上而下，中央政府决定总的路线方针，如科技规划、重大科技专项、战略性新兴产业的确定等，各级地方政府则在中央政府大政方针下，根据各地实际情况落实政策的具体细则。政府主体是新能源汽车产业政策作用过程中的重要动力源，不同级别政策主体颁布的政策力度以及不同政策工具对产业的影响作用不同，影响路径也不尽相同。

4.3.2 企业主体

企业是新能源汽车产业政策作用过程中的重要参与者，是产业政策的作用对象，也是产业政策的践行者。新能源汽车产业政策的制定和实施需考虑产业链不同位置的企业对于政策的接受度，以及政策在产业链中的传导效应，选择恰当的政策切入点，如选择通过对下游的补贴政策来拉动中、上游企业的积极性，或通过实行降低原材料及零部件生产成本的政策来降低整体产业链成本，进而来推动产业的发展。此外，我国的特殊国情决定了涉及国家技术安全以及未来经济发展战略高地的高新技术产业及战略性新兴产业中，国有企业将会占有重要位置。不同所有制企业对于政策的敏感度和接受度不同，因而，产业政策制定及实施过程中要兼顾对不同所有制企业的资源配置问题。

4.3.3 科研机构

科研机构是国家创新体系的重要组成部分，也是新能源汽车产业发展中技术创新的重要动力之一，主要包括研究院所、高校、创新服务平台等。科研机构承担着我国重大科研专项及战略性、前瞻性、公共性的科学研究和创新研发活动。科研机构作为产业政策作用过程的参与者之一，在政策的引导和支持下，致力于关键核心技术的研发活动，并通过与企业合作构成产学研共同体，将创新成果应用到实际生产过程中，促进产业的技术革新，推动产业的发展进步。

4.3.4 公众

公众作为新能源汽车产业政策作用过程的非官方参与者、需求端，通过市场购买行为实现对新能源汽车的最终消费。公众对产业政策的理解与支持有利于政策的实施以及政策目标的实现。此外，公众参与到政策制定过程中，有助于实现国家与社会的良性互动。公众对于产业政策的有益反馈，则有助于政策的修改完善。公众对政策的感知、评价也是政策评价的重要组成部分。

4.3.5 其他利益相关者

由于产业政策的制定、执行涉及对资源的分配，当政策实施触及其他利益相关者的利益时，则会出现对政策的排斥与抵制行为，阻碍政策的执行。反之，政策的执行则会受到利益相关者的支持。产业政策的作用过程中，其他利益相关者虽然不是主要组成部分，但也会对政策的作用产生积极或消极的影响。

4.3.6 政策制定主体与执行主体之间的关系

政策制定主体与执行主体之间的关系如图4-2所示，制定主体作为政策的供给方，主要包括全国人大、国务院、工业和信息化部、国家发展和改革委员会、财政部、科技部等。全国人大在国民经济与社会发展规划、中央与地方预算等相关法律文件中对发展新能源汽车产业做出指示。国务院发布新能源汽车产业发展规划，将新能源汽车认定为战略性新兴产业，对新能源汽车推广应用、免征车船税以及政府采购等相关事项做出规定。工信部明确新能源汽车生产企业及产品准入准则，联合其他部门促进新能源汽车示范推广，确定产品推广目录以及制定产业技术创新规划。财政部负责制定新能源汽车补贴实施方案以及推广应用财政支持计划。科技部则主要负责新能源汽车技术创新中心、研发计划等的规划与审核。政策的执行主体是政策的需求方，包括企业、科研机构、公众以及其他利益相关者。需要说明的是，本书虽列出了四种政策执行主体，但研究内容主要聚焦在企业和公众。政策执行主体对政策的理解、认可和贯彻是政策实现目标的重要影响因素。政策的制定主体和执行主体通过政策工具连接，产政策工具可分为供给面政策、环境面政策和需求面政策。政策制定主体运用政策工具刺激执行主体去实施。政策工具通过一定的作用路径对执行主体的行为产生影响。执行主体的行为符合特定的规则。

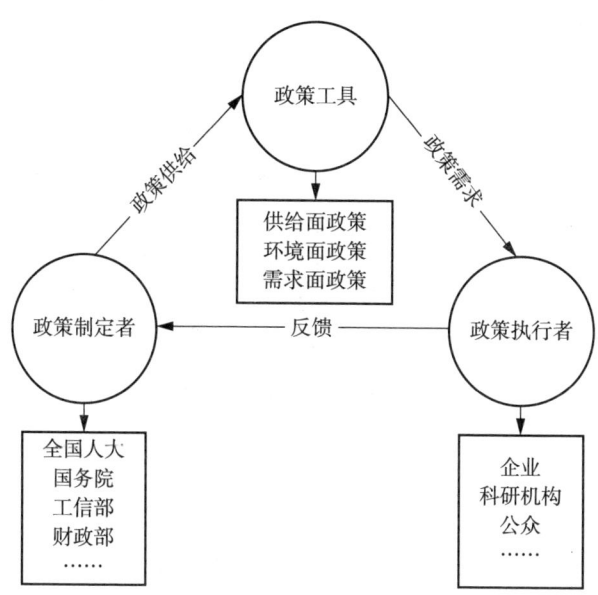

图 4-2 新能源汽车产业政策制定主体与执行主体的关系

4.4 基于多主体仿真的新能源汽车产业政策作用机理研究

4.4.1 多主体仿真的应用及分析流程

多主体仿真建模在社会科学和自然科学中的应用十分广泛。美国 Sandia 国家实验室开发的经济仿真模型 ASPEN，包含家庭、厂商、政府以及银行等九种类型的主体，通过该模型能够观察宏观经济运行情况，是经济领域中最具代表性的仿真模型。有学者将多主体仿真模型运用于研究个体行为与环境的相互响应关系[200]，也有学者运用多主体仿真研究传染病的传播及疾病预防控制政策的实施过程[201]，还有学者利用多主体仿真模型构建电力系统运行机构，并评估电力系统运行状态[202]。

多主体仿真在政策研究领域的应用多集中在分析政策实施后政策客体的动态变化、作用路径、规律和机理。Dawid 等分析多主体仿真应用于经济政策措施及政策建议中的优势及所要解决的主要问题[203]。Dosi 等分析在银行危机及经济衰退的背景下，财政和货币政策能够稳定经济的最优政策组合，结果表明，无约束、反周期的财政政策和以就业为目标的货币政策结合起来使用能够达到最好的效果[204]。也有学者运用多主体仿真模型分析移民政策对本国社会保障系统的动态影响[205]。Albino 等基于多主体仿真模型模拟了集群企业创新过程，结果表明产业集聚区竞争政策的实施效果会受到专业化分工、复杂网络以及地理位置的影响[206]。张永安等运用多主体仿真分析区域企业响应科技政策的路径和规律[207]。宋晨晨等以中关村国家自主示范园区为研究对象，分析区域科技产业政策的内在响应机理[208]。

多主体仿真模型的分析过程包括五个主要步骤：实际系统描述、构建概念模型、建立仿真模型、模型检验和结果分析。实际系统描述是通过对现实生活的观察，确定仿真系统的参与者及其特征；构建概念模型则是从实际系统描述中抽象出概念化模型，包括识别仿真系统微观个体、建立主体模型和主体交互模型三部分；建立仿真模型是通过编程语言或仿真软件来实现概念模型的仿真运行；模型检验是判断仿真模型是否实现了概念模型以及刻画真实系统的本质特征，否则需要调整模型；最后的结果分析则是根据多主体仿真的结果得出有价值的结论。

4.4.2 产业政策作用路径

新能源汽车产业政策对产业绩效的影响，主要是通过运用政策工具对产业产生影响。本节在第 3 章对新能源汽车产业政策类型及政策工具分析的基础上，结合以往研究的成果，得到新能源汽车产业政策 10 种政策工具对于产业绩效的作用路径。

(1) 科学与技术开发政策作用路径

路径 1：新能源汽车产业政策→科学与技术开发→产品性能提升→产品需求增加→营业收入增加→产业绩效提升→政府财政收入增加→新能源汽车产业政策

科学与技术开发政策主要是为了促进新能源汽车技术研发活动的开展，推动相关技术研发实验室、创新研发工程、专业协会等建立。当前新能源汽车安全性以及续航能力有待进一步提升，而科学与技术开发政策的实施，有助于新能源汽车综合性能的提升，进而刺激消费者需求，影响企业营业收入以及产业绩效的提升。

(2) 教育与培训政策作用路径

路径 2：新能源汽车产业政策→教育与培训→员工技能提升→产品性能提升→产品需求增加→营业收入增加→产业绩效提升→政府财政收入增加→新能源汽车产业政策

教育与培训政策旨在为新能源汽车产业的发展提供人才保障。新能源汽车产业作为战略性新兴产业，相较于传统汽车行业，发展历程还比较短，相关的专业人才缺口还比较大[74]。人才保障不足严重影响新能源汽车产业的可持续发展。教育与培训政策通过建立人才发展规划、完善教育及培训体系、开拓人才交流渠道等措施，为产业的发展注入人才动力。教育与培训政策的实施有助于员工技能的提升，促进产品性能的提升，进而刺激消费者需求，影响企业营业收入以及产业绩效的提升。

(3) 试点示范政策作用路径

路径 3：新能源汽车产业政策→试点示范→产品需求增加→营业收入

增加→产业绩效提升→政府财政收入增加→新能源汽车产业政策

试点示范政策是指政府为推进产业发展及产品的应用而开展的试点示范工程及相关政策支持。在新能源汽车产业发展初期，市场需求明显不足，可通过试点示范工程的开展，在试点城市对于个人以及机构购买使用新能源汽车给予补助，刺激需求，增加对新能源汽车的需求，进而影响企业营业收入以及产业绩效的提升。

(4) 宣传及资讯服务政策作用路径

路径4：新能源汽车产业政策→宣传及资讯服务→产品需求增加→营业收入增加→产业绩效提升→政府财政收入增加→新能源汽车产业政策

宣传及资讯服务政策主要是指政府通过各种途径的环保宣传提高公众使用新能源汽车的意愿。新能源汽车作为节能环保产品，是减少空气污染以及温室气体排放的重要举措之一。然而，目前新能源汽车产业发展过程中，存在续航里程不足、充电基础设施不完善、电池使用寿命有限且更换成本过高等问题，这使得公众使用新能源汽车的意愿不够高。通过宣传及资讯服务政策的实施，提高公众的环保意识以及认识使用新能源汽车的重要意义，能够从市场端扩大需求，进而影响企业营业收入以及产业绩效的提升。

(5) 法规及管制政策作用路径

路径5：新能源汽车产业政策→法规及管制→生产准入→企业数量增加→生产量增加→销售量增加→产业绩效提升→政府财政收入增加→新能源汽车产业政策

路径6：新能源汽车产业政策→法规及管制→推广目录→生产量增加→销售量增加→产业绩效提升→政府财政收入增加→新能源汽车产业政策

法规及管制政策是政府运用各种政策措施规范新能源汽车行业的发展，包括行业规范、生产准入、技术标准、投资批准、推广目录等。法规及管制政策通过对新能源汽车产业的监管,有助于行业的有序发展。法规管制类的各项政策举措从不同的方面影响新能源汽车产业的发展,而对产业绩效存在影响的政策包括生产准入、投资批准以及推广目录。在产业发展初期,技术尚未成熟,为了鼓励车企参与新能源汽车产业发展,生产准入标准较低;而当产业发展到一定阶段后,过低的生产准入标准使得市场中产品质量参差不齐,影响整个产业健康可持续发展,因此需要适度调整生产准入标准。

(6)政策性策略作用路径

路径7:新能源汽车产业政策→政策性策略→产业规划→生产量增加→销售量增加→产业绩效提升→政府财政收入增加→新能源汽车产业政策

政策性策略主要是指为了明确新能源汽车产业发展方向而制定的行业规划,以及促进产业资源整合而鼓励企业基于优势互补的合并和联盟等。基于我国特殊国情,发展新能源汽车不仅是应对环境污染的举措,还是实现我国汽车行业"弯道超车"的战略机遇。因而我国制定不同阶段新能源汽车产业发展的规划,包括产业发展技术路线、产销量预期目标以及主要任务等。产业规划的颁布,释放政府发展新能源汽车产业的态度和决心,会影响企业生产积极性,进而影响产业绩效的提升。

(7)公共服务政策作用路径

路径8:新能源汽车产业政策→公共服务→基础设施完善→产品需求增加→营业收入增加→产业绩效提升→政府财政收入增加→新能源汽车产业政策

新能源汽车产业政策中的公共服务政策主要是指为促进新能源汽车产业的发展而颁布实施的完善充电基础设施建设的相关政策。由于新能源汽车的动力源来自电能的转化,续航里程有限问题较为突出,因而充电基础设施建设对于产业的发展至关重要,充电设施的完善有助于缓解消费者的

"里程焦虑",提升消费者的购买意愿,进而影响产业绩效的提升。

(8)政府采购政策作用路径

路径9:新能源汽车产业政策→政府采购→产品需求增加→营业收入增加→产业绩效提升→政府财政收入增加→新能源汽车产业政策

政府采购政策是指政府机构通过对新能源汽车的采购,为产业提供明确稳定的市场,从需求端拉动产业的发展,包括政府部门的各项采购规定,如政府采购、公营事业采购、公共事业采购等。政府采购政策的实施,直接拉动对新能源汽车的需求,刺激企业扩大生产,增加企业收入,进而促进产业绩效的提升。

(9)财务金融政策作用路径

路径10:新能源汽车产业政策→财务金融→研发补贴→产品性能提升→产品需求增加→营业收入增加→产业绩效提升→政府财政收入增加→新能源汽车产业政策

路径11:新能源汽车产业政策→财务金融→购买补贴→产品需求增加→营业收入增加→产业绩效提升→政府财政收入增加→新能源汽车产业政策

财务金融政策是指政府直接或间接给予企业各种财务支援,如贷款、研发补贴、特许、贷款保证、出口信用贷款等。此外,为了鼓励消费者购买新能源汽车,给予消费者购买补贴。财务金融政策措施多种多样,不同政策措施从不同方面影响新能源汽车车企和消费者。本研究对于财务金融政策作用路径分析,主要从金融机构贷款、研发补贴以及购买补贴的作用路径展开。具体作用路径如路径10和路径11所示。

(10)税费优惠政策作用路径

路径12:新能源汽车产业政策→税费优惠→税收减免→企业利润增加→生产量增加→产品需求增加→营业收入增加→产业绩效提升→政府财

政收入增加→新能源汽车产业政策

路径 13：新能源汽车产业政策→税费优惠→免征购置税/车船税→产品需求增加→营业收入增加→产业绩效提升→政府财政收入增加→新能源汽车产业政策

税费优惠政策是指政府为促进产业发展，给予企业和个人赋税上的减免，如租税抵扣、减免间接税、免征购置税/车船税等。税费优惠政策的作用对象主要包括新能源汽车生产制造商以及消费者。通过对企业税费的减免，促进企业的生产，进一步影响企业营业收入及产业绩效。而通过免征新能源汽车购置税和车船税，能够刺激需求，增加企业营业收入，进而影响产业绩效。

本研究初步分析新能源汽车产业政策 10 种政策工具的 13 条作用路径，但由于难以获得路径 2 和路径 4 的相关数据，因此在接下来进行多主体仿真分析时不包含这两条路径的模拟分析。需要说明的是，政策仿真模拟未包含这两条路径，并不会对整个模型产生实质性的影响。主要因为目前我国新能源汽车产业相关的教育培训尚处于起步阶段，通过教育培训转化为产业发展的人力资源相对有限；而当前消费者对于新能源汽车的购买意愿主要受补贴、牌照等政策的影响，宣传和资讯服务的效果并不显著。

4.4.3 主体行为机制

(1) 政策激励机制

新能源汽车产业政策在实施过程中，通过特定的路径作用到企业，刺激企业生产、拓展市场以及开展研发活动等。政策刺激企业的机制可借鉴美国组织行为学家迪尔提出的综合激励模型[214]。该激励模型由内在性激励和外在性激励构成，内在性激励是指企业自身具备的追求利润的意识，外在性激励是政策工具对企业扩大生产的激励以及政策以外的外部环境的激励，具体关系可用式(4-1)表示。

$$M_i^t = E_i^t V_i^t + \sum_{j=1}^{j} E_{pi}^t V_{pi}^t + M_{ei}^t \qquad (4-1)$$

其中，M_i^t 表示 t 时刻政策工具对企业 i 的激励水平；E_i^t 表示企业 i 自身对于收入的期望值；V_i^t 表示企业 i 实现收入的价值；E_{pi}^t 表示企业 i 对不同政策工具的期望值；V_{pi}^t 表示不同政策工具促进企业收入提升的价值；M_{ei}^t 表示政策以外的外部环境(市场、经济、文化等)在 t 时刻对 i 企业的激励。

(2) 政策约束机制

假设新能源汽车企业和政府都为风险中性，企业以自身利益最大化为目标追求更多盈利，政府则以推动整个产业的发展为目标。新能源汽车企业 i 通过响应政策在 t 时刻获得的政府支持水平为 P_{it}。当信息不对称情况出现时，企业可能以虚假的生产信息获得政府补贴[215,216]。假设企业"骗补"被发现的概率为 $\delta(0 \leq \delta \leq 1)$，企业骗取补贴被发现后，不仅受到惩罚，而且难以获得政府后续的支持，在 t 时刻造成的损失记为 L_{it}。当企业存在机会主义，且骗取补贴获得的收益大于受到的惩罚时[即满足公式(4-2)时]，企业更倾向于放弃正常的生产行为，而进行投机骗补。

$$(1-\delta)P_{it} - L_{it} > 0 \qquad (4-2)$$

(3) 企业资金偏好决策机制

新能源汽车开展生产追求利润最大化，必须尽可能提高资金利用率。新能源汽车产业政策中涉及资金的措施多样，如金融贷款、投资批准、出口信用贷款、销售补贴等。不同政策措施涉及的资金，最终落实到企业的周期不同。一些专项资金需要经过层层审批或等到销售活动完成后才能获得，因此资金的流转存在着时滞性。企业对于政策性资金的利用率为 γ_P，政策资助资金为 F_P，企业投入生产所需要的总资金为 F_R，企业总是期望自身投入的资金 F_I 最小，而利用政府支持的资金最大，即 $\gamma_P F_P$ 最大，可用式(4-3)表示。

$$\begin{cases} \min(1-\gamma_p)F_P+F_I \\ F_I=F_R-\gamma_P F_P \end{cases} \tag{4-3}$$

考虑到政策资金存在时滞的情况,需要引入消费者物价指数变动 $\Delta\eta$,即劳动力成本 C_H 与生产资料成本 C_O 在不同时期内变化导致的政策性资金价值的变动,式(4-3)变为式(4-4)。

$$\begin{cases} \min(1-\gamma_p)F_P+F_I \\ F_I=F_R-\gamma_P F_P{}' \\ F_P{}'=F_P\left(\dfrac{C_H^{t+1}-C_H^t}{C_H^t}+\dfrac{C_o^{t+1}-C_o^t}{C_o^t}\right)=F_P\left(1-\dfrac{\eta^{t+1}}{\eta^t}\right)=F_P(1-\Delta\eta) \end{cases} \tag{4-4}$$

在新能源汽车产业政策支持产业发展的背景下,相关的企业要积极响应政策,尽可能地提高资金利用率,同时尽可能多地获取政府所提供的资金资源,降低企业运营风险,进而提升收益水平。

(4) 企业资源偏好决策机制

为促进新能源汽车产业的发展,政府通过政策工具为企业提供信息、技术、人才、设备等资源。企业按照自身需求和外部环境对资源进行索取,若企业当期拥有的资源 R_E^t 减去企业生产所用资源 R_{EI}^t 小于下一期生产所需资源 R_{EI}^{t+1},企业可能会索取政策资源。即对企业而言,当满足式(4-5)时,企业可能会索取政策资源。

$$R_E^t-R_{EI}^t<R_{EI}^{t+1} \tag{4-5}$$

企业获取资源的另一种方式是通过企业间合作方式获得,实现资源在产业间的流转,设获得的资源量为 R_{EC}^t。在不考虑政策供给资源的情况下,企业在下一期得到的资源上限为 $R_E^t-R_{EI}^t+R_{EC}^t$。企业从政府处获得的资源高于企业通过合作获得的资源,企业则会选择向政府索取资源或同时保持与企业的合作获得资源。企业响应新能源汽车产业政策,同时保持合作而获得的资源总量 R_S^t 如公式(4-6)所示:

$$R_S^t = (1-\lambda)R_P^t + R_{EC}^t \tag{4-6}$$

其中，R_P^t 为政策提供的资源，λ 为政策资源损耗系数[217]。

企业对于资源的期望包括两方面：一方面期望政策资源的水平 R_P^t 高于企业间合作获取的资源 R_{EC}^t，另一方面期望政策所提供的资源加上企业现有资源大于下一期生产需要的资源，即满足不等式(4-7)：

$$\begin{cases} R_P^t > R_{EC}^t > 0 \\ R_P^t + R_s^{t-1} - R_{EI}^{t-1} > R_{EI}^t > 0 \end{cases} \tag{4-7}$$

两个不等式两边同时除以 R_{EC}^t，可得到式(4-8)：

$$\begin{cases} L_1^t = \dfrac{R_P^t}{R_{EC}^t} > 1 \\ L_2^t = \dfrac{R_P^t + R_s^{t-1} - R_{EI}^{t-1}}{R_{EI}^t} > 1 \end{cases} \tag{4-8}$$

企业向政策索取全部或部分资源的触发条件为式(4-9)：

$$L_1^t L_2^t > 1 \tag{4-9}$$

(5) 企业资源转化机制

新能源汽车产业政策的颁布与实施代表政府大力支持产业发展的信号，当企业积极响应政策且具备一定的资源后，将各种资源投入生产中。借鉴柯布—道格拉斯生产函数模型[218]式(4-10)来分析新能源汽车企业资源转化机制：

$$Y = A(t)L^\alpha K^\beta \mu \tag{4-10}$$

其中，Y 为生产总值；$A(t)$ 表示综合技术水平；L 代表人力资源投入；K 代表投入的资本；α 代表劳动力产出弹性系数；β 代表资本产出弹性系数；μ 为随机干扰项。

综合技术水平 $A(t)$ 由企业自身的科技水平和外部转化科技水平构成，而外部转化的科技水平与激励转化系数有关，具体如式(4-11)所示。

$$A(t) = M_i\varphi_{ti} + J_t \qquad (4\text{-}11)$$

对于响应新能源汽车产业政策的企业而言,其生产投入的资本包含企业拥有的资本、政策性资本和产业内合作而获得的资源,把这些变量加入式(4-10)中,整合式(4-10)和式(4-11)可得到式(4-12):

$$Y = (M_i\varphi_{ti} + J_t)L^{\alpha}[R_o + \gamma_P(1-\lambda)R_{SC} + R_{EC}]^{\beta}u \qquad (4\text{-}12)$$

其中,φ_{ti} 为激励转化系数;J_t 为自身技术水平;R_o 为企业自身拥有的用于生产的资产;R_{SC} 为企业获得的政策性资产;γ_P 为政策性资产的利用率;λ 为政策资产损耗系数;R_{EC} 为企业通过产业内的合作而获得的资产。

(6)企业互动影响机制

新能源汽车企业是否响应政策激励,除了受政策工具和企业自身判断的影响之外,还会受到其他企业的影响。积极响应政策刺激的企业,会优先获取政策资源,迅速开展生产,占领市场,进而刺激产业链内其他反应慢的企业。企业间的竞争、模仿、互动作用,一方面体现复杂政策环境下的适应性,另一方面会在产业链内形成互动影响的现象。企业间因互动影响产生的激励增量 ΔM_{ei}^{t+1} 可用公式(4-13)表示:

$$\Delta M_{ei}^{t+1} = \sum_{g=1}^{m} a_{ig}M_{eg}^{t} \qquad (4\text{-}13)$$

其中,ΔM_{ei}^{t+1} 表示第 $t+1$ 期企业 i 受产业链中其他企业激励而产生的激励增量;a_{ig} 表示企业 i 受产业链中其他企业 g 激励的影响系数;M_{eg}^{t} 表示企业 g 在 t 时刻产生的激励水平。企业 i 在第 $t+1$ 时期受到的其他企业激励水平如式(4-14)所示:

$$M_{ei}^{t+1} = M_{ei}^{t} + \sum_{g=1}^{m} a_{ig}M_{eg}^{t} \qquad (4\text{-}14)$$

(7)产业链传导机制

由本书第2.3节对新能源汽车产业链的界定可知,新能源汽车产业链包括相关矿产资源开采提炼、关键零部件制造、整车制造以及充电基础设施建设的上、中、下游企业。产业链内部存在原材料、资金以及人员等的流转。而在所有产业链流转要素中,在上、中、下游企业之间起传导作用的最为重要的是生产资料要素。生产资料要素流转的具体情况与其在最终产品所占的成本比例有关。以纯电动汽车为例,根据相关行业研究报告①得到目前新能源汽车不同原材料以及零部件所占的比重,如方程式(4-15)和方程式(4-16)所示:

$$\begin{cases} C_B = 0.42T_T \\ C_C = 0.11T_T \\ C_D = 0.10T_T \\ C_E = 0.07T_T \\ C_F = 0.30T_T \end{cases} \quad (4\text{-}15)$$

$$\begin{cases} M_1 = 0.43C_B \\ M_2 = 0.12C_B \\ M_3 = 0.10C_B \\ M_4 = 0.08C_B \\ M_5 = 0.27C_B \end{cases} \quad (4\text{-}16)$$

其中,T_T 为整车总成本,属于新能源汽车产业链下游端;C_B 为电池成本;C_C 为电控部件成本;C_D 为电机部件成本;C_E 为电驱动零部件成本;C_F 为整车其他部件成本,都属于产业链中游零部件端。M_1、M_2、M_3、M_4、M_5 分别代表正极材料成本、隔膜材料成本、负极材料成本、电解液成本、其他辅助材料成本,都属于上游原材料端。

由于新能源汽车产业链上、中、下游企业存在紧密的联系,产业链中生产要素的传导受生产的拉动。对产业链生产影响较大的政策主要为补贴

---

① 资料来源:http://www.bocichina.com/boci/pagestatic/index/index.html。

政策、税费优惠，以及免征车船税、购置税等政策。这些政策从需求端拉动产业发展，进而对新能源汽车产业链收益起到自下而上的传导影响。具体而言，在各种产业政策的刺激下，由于需求的增加，下游整车制造企业会扩大生产，对中游零部件的需求增加，进而影响对上游原材料的需求。产业收益从下游传导至中游和下游。传导的具体过程可通过对当前新能源汽车上、中、下游产业链绩效的影响关系估计得到。本研究结合 Wind 数据库、同花顺财经网站和新能源汽车行业报告，选取 162 家新能源汽车上市公司(上游企业 40 家，中游企业 73 家，下游企业 49 家)2003—2018 年的主营业务收入，分析产业收益的传导作用，具体关系见式(4-17)：

$$\begin{cases} \ln INC_m = 0.879\ln INC_u + 2.624 \\ \ln INC_d = 0.537\ln INC_u + 10.335 \\ \ln INC_d = 0.584\ln INC_m + 9.305 \end{cases} \quad (4-17)$$

其中，$\ln INC_u$ 为上游产业绩效的自然对数；$\ln INC_m$ 为中游产业绩效的自然对数；$\ln INC_d$ 为下游产业绩效的自然对数。

4.4.4 新能源汽车产业政策作用机理仿真概念模型

新能源汽车产业政策作用机理仿真概念模型是在初步确定产业政策工具作用路径以及主体行为机制基础上，结合复杂适应系统(CAS)理论构建而成。基于第 3 章对新能源汽车产业政策的分析，将其划分为供给面政策、环境面政策和需求面政策三类政策，包括科学与技术开发、教育与培训、试点示范、宣传及资讯服务等 10 种政策工具。分析每种政策工具对于产业绩效的影响路径，选取 11 条产业政策作用路径进行仿真模拟。政策实施的目的是刺激激励企业生产，进而推动产业的发展，同时政策对企业的投机行为进行约束，设定了政策激励机制和政策约束机制。企业在政策颁布实施后，会在自身偏好决策机制下选择是否响应政策。当政策的激励水平达到企业响应政策阈值时，企业会积极响应政策，投入生产。同时，企业之间存在互动影响的关系，产业链上下游之间存在传导效应。政策工具与企业之间的"刺激—反应"、主体之间的互动影响、主体行为机制以及产业链传导关系共同构成新能源汽车产业政策作用机理仿真概念模型。具体仿真概念模型如图4-3所示。

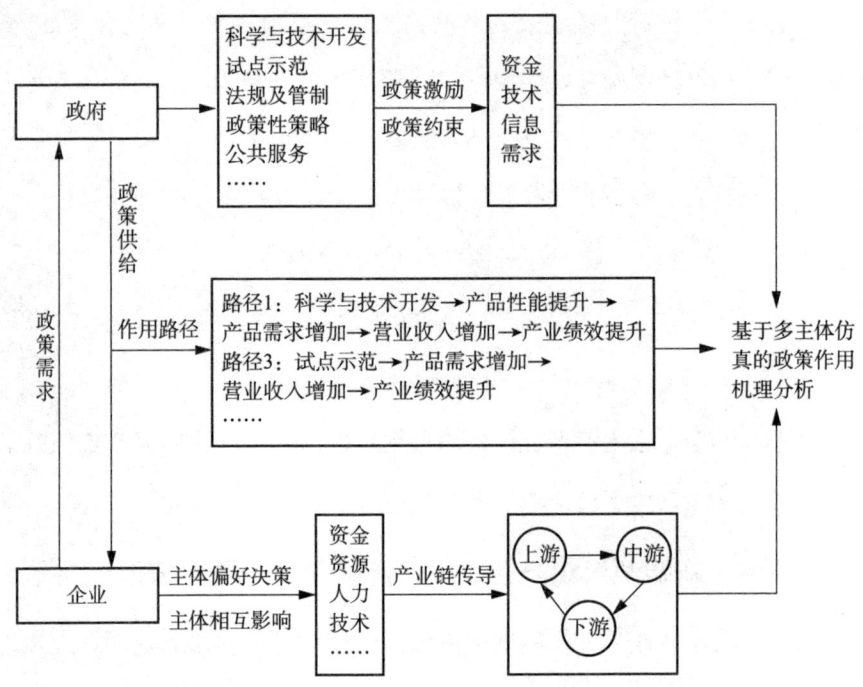

图4-3 新能源汽车产业政策作用机理仿真概念模型

4.5 新能源汽车产业政策作用机理仿真模拟及结果

4.5.1 仿真主体关系与情景设计

基于多主体仿真的新能源汽车产业政策作用机理仿真模拟主要处理两类关系。一类关系是政府与企业之间的关系，政府通过产业政策工具引导企业的生产活动以实现产业的发展。政府与企业之间的关系更多地体现在政策工具对企业的刺激—反应，不同类型的政策工具通过资金、技术、市场等刺激企业的生产活动，而企业则根据自身的偏好决策选择是否响应政策。此外，政策不仅对企业有激励的作用，还有相应的约束作用。当产业发展过程中出现投机骗补行为，政策约束机制能够通过惩罚降低此类问题出现的概率。政策仿真模拟需要处理的另外一类关系是企业之间的互动关系。企业的互动关系包括两方面，一方面是企业之间的模仿学习，另一方面是因需求拉动而产生的产业链传导效应。政策仿真的复杂性正是体现在要处理不同主体之间的关系以及主体内部的关系。

4.5.2 仿真参数设定

本研究运用 AnyLogic 仿真平台探究新能源汽车产业政策作用机理。AnyLogic 仿真平台基于 Java 语言开发，能够集成多主体仿真和系统动力学模型，在复杂系统建模方面具有较大优势。在进行仿真模拟之前，需要确定仿真模型相关的参数取值范围。本书以新能源汽车 162 家上市公司财务报表及相关行业报告为基础，结合相关研究，确定本研究仿真参数的取值范围，如表 4-1 所示。

表 4-1 部分仿真参数描述及其取值范围

参数	描述	取值下限	取值上限
E_i^t	企业自身对提高营收的期望	0.50	1
V_i^t	企业自身实现生产的价值	0.10	1
a_{ij}	受其他企业激励刺激系数	0.50	0.80
φ_{ti}	激励转化系数	0.10	0.90
B	税收优惠指数	0	1
R	企业响应政策概率	0	1

续表

参数	描述	取值下限	取值上限
N_u	上游企业个数	0	100
N_m	中游企业个数	0	100
N_d	下游企业个数	0	100
L	企业原有劳动力	10	300
K	企业资金投入	50	100
α	企业的劳动力生产弹性系数	0.05	0.10
β	企业资本生产弹性系数	0.05	0.10
	资源转化系数	0.10	1.20
ξ	企业生产率水平	0.01	0.08
$\Delta\eta$	CPI指数	−0.007	0.059
λ	资源消耗系数	0.549	0.144
ψ	企业 i 在 t 时刻获得政府支持下限	0	100
δ	企业投机行为被发现的概率	0	0.658
f	企业预测政府支持能够满足预期的可能性	0	0.90

4.5.3 仿真结果

(1) 不同类型政策工具对于新能源汽车产业绩效作用机理

图 4-4 展示基准情景以及供给面政策(科学与技术开发、试点示范)作用下新能源汽车产业绩效发展情况。图中横轴代表时间,单位为年,纵轴代表产业绩效,单位为十亿元(下同)。由图 4-4 可知,基准情景下,新能源汽车产业绩效缓慢发展,意味着在没有产业政策扶持的情况下,新能源汽车发展较为缓慢。究其原因,在产业发展初期,新能源汽车与传统汽车相比,在行驶里程、性价比以及安全性方面存在劣势,因而产品在市场中缺乏竞争力。随着相关技术的进步以及人们环保意识的提升,新能源汽车

产业能够得到进一步发展,但发展速度缓慢。

图 4-4 中的点线线条和虚线线条分别代表科学与技术开发政策、试点示范政策对于新能源汽车产业绩效的影响。从科学与技术开发政策作用效果的走势可知,科学与技术开发政策工具能够持续促进新能源汽车产业绩效的提升,但在仿真模拟初始 4 年内的作用效果并不十分显著,其原因在于科学与技术开发政策主要作用于新能源汽车相关技术的研发,研发投入产出存在一定的滞后性。不断加大研发投入,能够促进新能源汽车核心技术的进步,提升产品的性能和安全性,推动产业的发展,产业绩效随之得到提升。

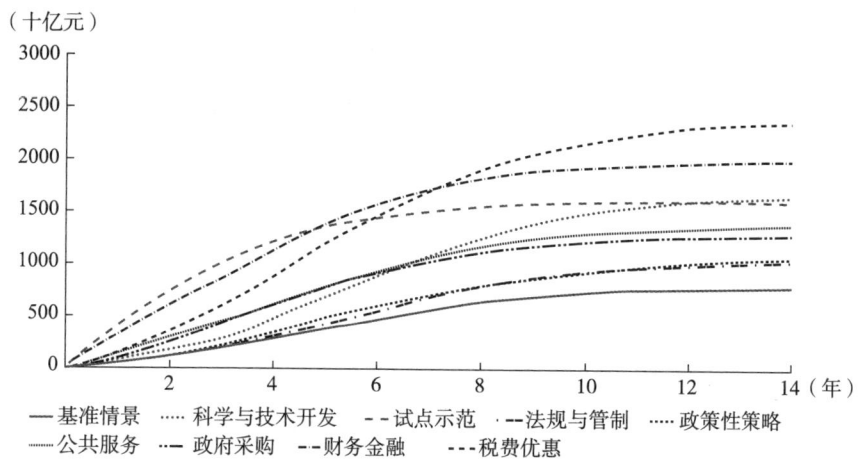

图 4-4 基准情景与供给面政策对新能源汽车产业绩效的模拟结果

相较于科学与技术开发政策作用效果的厚积薄发,试点示范政策工具的作用效果属于立竿见影。正如图 4-4 中虚线线条的走势所示,试点示范政策对新能源汽车产业绩效的影响,在 0~6 年快速增加,之后影响趋于稳定。我国自 2009 年启动世界规模最大的新能源汽车示范运行项目"十城千辆节能与新能源汽车示范推广应用工程",到 2014 年推动 88 个城市的新能源汽车推广应用示范工程,累计推广新能源汽车 33.6 万辆。在新能源汽产业发展初期，试点示范政策工具的运用，从产品需求侧刺激生产，拉动产业的发展。当产业发展步入正轨后，试点示范工程的数量逐渐减少，对产业刺激作用逐渐趋于稳定。在仿真模拟的11年之后，试点示范政策的作用效果逐渐弱于科学与技术开发政策的影响。

环境面政策工具（法规及管制、政策性策略、公共服务）对于新能源汽车产业绩效的仿真模拟结果如图4-5所示。与基准情景相比，法规与管制政策在新能源汽车产业发展的0~3年对于产业绩效的影响作用小于基准情景，在4~12年稳步上升，之后影响趋于稳定，趋势如图4-5中点线线条所示。法规与管制政策工具涉及规范新能源汽车产业发展的各项措施，包括行业规范、生产准入、技术标准、投资批准、推广目录等。在产业发展初期，法规与管制政策明确企业进入及生产标准，虽然短期内可能会抑制企业进入的数量，但长期来看法规与管制政策规范产业发展环境，有助于产业的健康可持续发展。

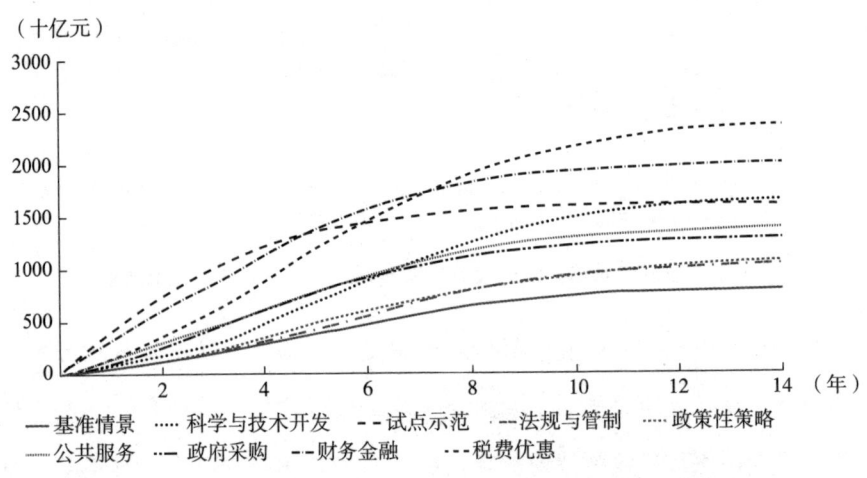

图4-5　基准情景与环境面政策对新能源汽车产业绩效的模拟结果

政策性策略工具的作用趋势如图4-5长虚线线条所示。在仿真模拟的0~7年，政策性策略的作用效果大于法规与管制政策对于新能源汽车产业绩效的影响；在 8~14 年对于产业绩效影响趋于平缓。政策性策略工具是基于促进新能源汽车产业发展所制定的各项策略性措施，如规划、鼓励合并或联盟等。行业发展规划在新能源汽车产业发展初期，明确产业发展技术路线图，及未来 5~10 年的发展目标，指明产业发展的方向。相较于法规与管制政策的强制性措施，政策性策略则通过行业规划、重大专项计划等释放国家发展新能源汽车的信号，有助于增强企业生产信心。

公共服务政策工具的作用趋势如图 4-5 短虚线线条所示。在仿真模拟的 1~9 年，公共服务政策对产业绩效的影响整体呈平稳增长的态势，之后趋于稳定。公共服务政策工具主要涉及新能源汽车充电基础设施的规划和建设。新能源汽车与传统汽车相比，最大的特点是动力源方面，而当前我国推广的纯电动汽车则主要依靠电力。充电基础设施的完善，能够有效缓解消费者的"里程焦虑"。我国充电桩保有量从 2010 年的 1122 个，到 2019 年累计数量 117.4 万个，2019 年同比增加 61.2%，在一定程度上解决了新能源汽车充电难的问题。同时，充电基础设施的完善有助于产业绩效的提升。

需求面政策（政府采购、财务金融、税费优惠）对于新能源汽车产业绩效影响作用仿真模拟结果如图 4-6 所示。与基准情景相比，需求面三种政策工具显著地促进了新能源汽车产业绩效的提升。政府采购作为强目标性政策工具，对于产业资源配置具有重要的作用。对新能源汽车产业而言，政府采购政策的运用从需求端拉动产业发展。特别是在产业发展初期，市场需求不足的情况下，政府采购政策的运用，能够刺激企业投入生产。政府采购政策作用趋势如图 4-6 短虚线线条走势所示。由图 4-6 可知，政府采购政策在仿真模拟的 0~8 年，对新能源汽车产业绩效的提升具有较强的拉动作用，之后作用趋于平缓。

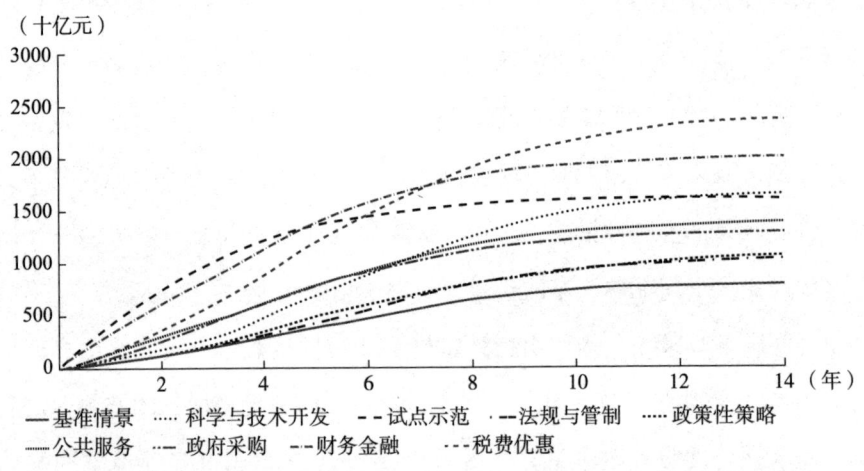

图 4-6 基准情景与需求面政策对新能源汽车产业绩效的模拟结果

财务金融政策工具的作用趋势如图 4-6 长虚线线条所示。从仿真模拟的结果可知，财务金融政策工具的运用快速地推动了新能源汽车产业绩效的提升，在模拟的 0~7 年，财务金融的作用效果稳步提升，之后增速放缓。新能源汽车产业作为战略性新兴产业，如果仅靠"无形的手"，难以获得快速的发展，还需要"有形的手"来推动。财务金融政策工具一方面通过对企业的各种补贴降低企业的生产成本、鼓励企业技术创新，极大地提升了企业生产积极性，进而带动整个产业链的发展；另一方面，通过对消费者的补贴刺激购买需求，有助于产业的良性可持续发展。当新能源汽车产业发展成熟后，随着补贴退潮，财务金融政策工具对于产业绩效的影响趋于稳定。

税费优惠政策工具的作用趋势如图 4-6 点线线条所示。从仿真模拟的结果可知，在模拟的 0~7 年，税收优惠政策对于产业绩效的作用效果弱于财务金融政策，8~14 年作用效果逐步超越财务金融政策，仿真结果进一步验证了相关的研究结论。究其原因，与税费优惠政策的特征有关。税费优惠政策工具是政府为促进新能源汽车产业发展，给予企业和个人税费上的减免，如租税抵扣、减免间接税、免征购置税/车船税等。相较于对车企和消费者的补贴，税费优惠政策对于企业和消费者的激励作用是良性可持续的。由于机会主义和道德风险的存在，补贴政策在实施过程中出现的"骗补"现象干扰了正常的竞争秩序，同时也让部分企业过度依赖补贴，产业发展缺少活力。而税费优惠政策，则是企业获得市场检验后，政策予以优惠，促进新能源汽车产业的健康可持续发展。

(2) 不同类型政策对新能源汽车产业不同主体绩效的作用机理

图 4-7 为基准情景与三类政策对新能源汽车上游产业绩效作用的模拟结果。由图 4-7 可知，三类政策对上游产业绩效存在明显的滞后性，不同时期，三类政策的作用效果各有差异。具体而言，在仿真模拟的 0~2 年，三类政策对上游产业绩效影响作用微弱，2~4 年缓慢提升，之后稳步提升。在仿真的 2~4 年，供给面政策作用效果大于需求面政策，需求面政策作用效果大于环境面政策；仿真模拟的第 5 年后，需求面政策作用效果大于另外两类政策作用效果。三类政策作用效果的滞后性和差异性主要与新能源汽车产业上游产业特征和三类政策的特征有关。新能源汽车上游产业主要涉及动力电池及锂电池相关的锂矿、正负极材料、隔膜和电解液等关键原材料。上游产业的发展受到中、下游产业的拉动。我国新能源汽车产量从 2007 年的 2200 辆，增长到 2013 年的 17533 辆，2019 年产量超过 120 万辆，下游整车制造在 2007—2013 年经历缓慢提升，2014—2019 年急剧增长。新能源汽车下游产业在政策作用下的发展趋势通过中游产业传导波及上游产业，使得政策对上游产业绩效呈现明显的滞后性。此外，三类政策中，供给面政策中的试点示范政策工具直接拉动需求，在新能源汽车发展初期能够快速刺激下游整车生产，进而传导到上游。需求面政策中的财政金融政策和税费优惠政策多涉及下游企业，政策实施、产生影响到传导至下游存在一定的时滞，但其作用的累积影响较强。因而，在仿真模拟的

0~4年，需求面政策作用效果弱于供给面政策，之后对于上游产业绩效的影响逐渐加大，且强于供给面政策和环境面政策。

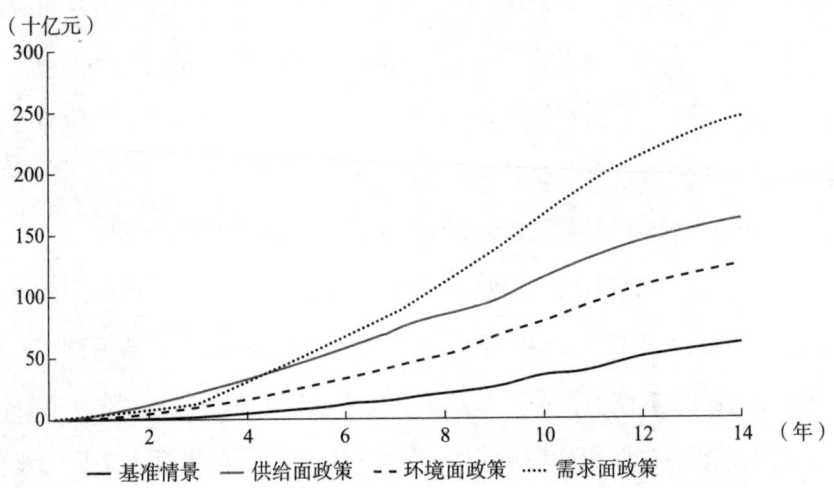

图 4-7　基准情景与三类政策对新能源汽车上游产业绩效作用的模拟结果

图 4-8 为基准情景与三类政策对新能源汽车中游产业绩效作用的模拟结果。从仿真的结果来看，与基准情景相比，三类政策对于中游产业绩效有明显的促进作用，但影响程度有所差异。在仿真模拟的 0~1 年，三类政策的作用效果都较小；在模拟的 2~6 年，三类政策的作用效果稳步提升且需求面政策影响作用最大，供给面政策次之，最后为环境面政策；在模拟的 7~14 年，三类政策作用效果的差异性逐渐拉大，需求面政策对于产业绩效的影响进一步提升，而供给面政策和需求面政策的影响也在提升，但提升的趋势较为平稳。新能源汽车中游产业主要涉及新能源汽车的电池、电机、电控及其他零部件的生产制造，与下游产业联系密切，更易受到下游产业的影响。目前我国出台的新能源汽车产业政策更多的是通过促进下游企业的整车制造进而带动整个产业的发展，产业政策通过下游的传导影响中游产业绩效的提升。需求面政策涉及政府采购政策、财务金融政策以

及税费优惠政策，对下游的生产具有较强的刺激作用，进而导致对中游零部件需求的增加。与需求面政策相比，供给面政策和环境面政策对于需求的刺激作用较弱，因而对中游产业绩效的影响程度不如需求面政策。

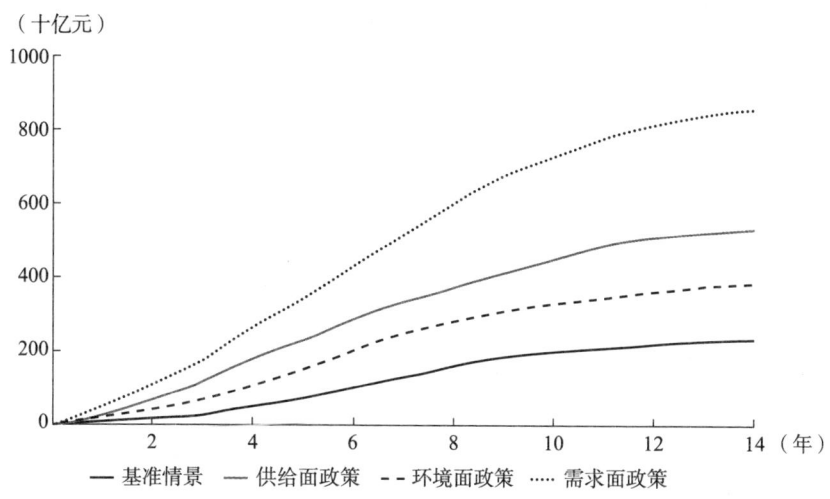

图 4-8　基准情景与三类政策对新能源汽车中游产业绩效作用的模拟结果

图 4-9 为基准情景与三类政策对新能源汽车下游产业绩效作用的模拟结果。仿真结果表明，三类政策中，需求面政策对于下游产业绩效的影响作用较为显著，且在仿真模拟的 0~4 年作用缓慢，5~10 年作用迅速提升，11~14 年作用趋缓。供给面政策对于下游产业绩效的影响总体呈平稳上升的态势，仿真模拟的 0~8 年作用效果稳步提升，9~14 年作用趋缓。环境面政策对下游产业绩效的影响作用相较于其他两类政策作用效果较弱，且在仿真的 0~3 年影响微弱，4~10 年稳步提升，11~14 年趋于平缓。三类政策对于下游产业绩效影响的差异性体现了我国新能源汽车产业的发展特点。新能源汽车产业作为战略性新兴产业，其发展离不开政府的大力扶持。在产业发展初期，市场需求不足的情况下，政府通过试点示范、政府采购以及财政补贴等手段拉动需求，刺激生产以推

动产业的发展。同时，为了促进产业的可持续发展，政府加大对新能源汽车相关技术的研发支持以及完善充电基础设施建设。当市场需求得到有效激发时，供给面政策和环境面政策的作用逐步显现。当新能源汽车产业趋于成熟时，政府由对企业"输血"转为鼓励企业自主"造血"，需求面政策的力度和强度都逐步减弱，对于产业绩效的影响也趋缓减弱。

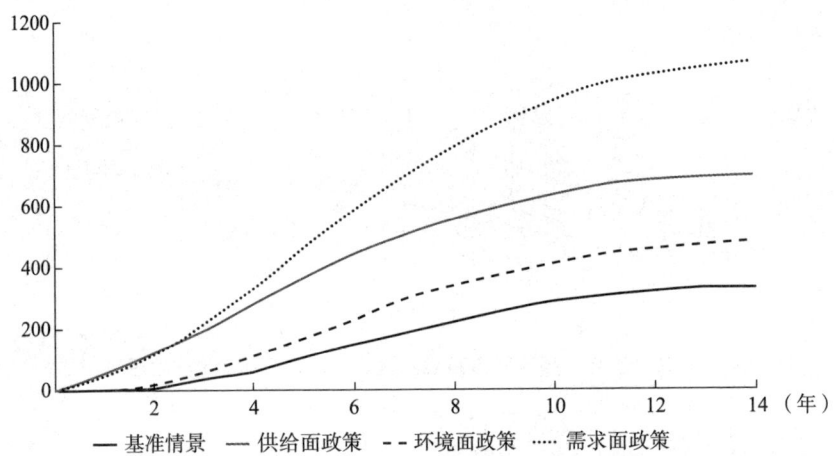

图 4-9　基准情景与三类政策对新能源汽车下游产业绩效作用的模拟结果

(3) 新能源汽车产业政策作用机理总结

1) 不同政策工具对新能源汽车产业绩效的作用效果有明显的时序变化特征。在新能源汽车产业发展初期，试点示范、财务金融以及政府采购等政策工具对于提升产业绩效具有重要作用，表明拉动需求和刺激生产类政策能够在短期内推动产业的起步和发展。科学与技术开发和公共服务政策虽然在短期内对新能源汽车产业绩效的影响较弱，但长远来看，对技术创新的支持和完善充电基础设施建设对新能源汽车产业绩效的提升具有积极而持续的影响和作用。随着产业的发展，税费优惠政策对新能源汽车产业绩效的影响更为显著。法规与管制和政策性策略对于新能源汽车产业绩效的影响有限，但对于规范产业发展环境，促进产业可持续发展具有重要的作用。

2) 不同类型政策对新能源汽车产业链绩效的影响具有差异性。供给面政策、环境面政策和需求面政策能够促进新能源汽车上、中、下游产业绩效的提升，但影响过程和程度有所不同。三类政策对于上游产业绩效的影响具有明显的滞后效用，具体表现在三类政策在仿真模拟的 0~3 年，对上游产业绩效的影响较小。三类政策中需求面政策对于中游产业绩效具有较强的促进作用，整个影响过程呈现缓慢到加速趋势，影响程度逐渐加深。供给面和环境面政策对于中游产业绩效的影响平稳提升。在仿真的 0~3 年，需求面政策和供给面政策对于下游产业绩效的影响作用较为接近；之后，两者之间的差距不断拉大，且需求面政策作用效果强于供给面政策。

3) 新能源汽车产业政策对产业绩效的影响具有明显的传导效用。通过对比三类政策对新能源汽车上、中、下游产业绩效的作用效果与基准情景可知，新能源汽车产业政策对产业链不同主体绩效具有明显的提升作用。而通过对新能源汽车产业政策的文本分析可知，当前新能源汽车产业政策多涉及下游产业，针对中游及上游的政策较少。但多主体仿真模拟的结果表明，三类政策对中游及上游产业绩效也具有明显的提升作用。由此可知，新能源汽车产业政策的实施通过对下游产业的刺激，拉动了中游和上游产业绩效的提升；产业政策作用力通过下游产业传导作用到中游和上游产业。

4.6 本章小结

本章内容围绕新能源汽车产业政策作用机理展开。首先，界定了产业政策作用环境、政策资源和作用主体，明确研究的边界；其次，基于复杂适应系统理论，在明确产业政策作用路径以及主体行为机制的基础上，构建了基于多主体仿真的新能源汽车产业政策作用机理概念模型；最后，运用 AnyLogic 仿真平台进行仿真模拟，分析 10 种政策工具及三类政策对产业绩效的影响特点和规律，通过对仿真结果的挖掘总结新能源汽车产业政策作用机理。

第5章

新能源汽车产业政策特征对产业绩效的效果评价

本章是在前文明确新能源汽车产业政策特征及产业政策作用机理的基础上,探究新能源汽车产业政策特征对产业链不同主体绩效的影响。选取新能源汽车产业链上、中、下游上市公司为研究样本,运用非平衡面板数据模型实证分析产业政策综合性、多样性和协同性对上、中、下游产业绩效的影响。

5.1 问题的提出与模型设定

新能源汽车产业作为战略性新兴产业,自2001年国家启动电动汽车重大科技专项以来,其发展历程仅为十几年。新能源汽车产业链不同位置的企业其功能有所差异,上游企业提供产业发展所必需的原材料,中游企业提供新能源汽车制造所需的核心零部件,下游企业则涉及整车制造及充电基础设施建设等。涉及新能源汽车产业链的上市公司的数量经历了渐进的增长过程。由于本研究要分析产业政策对于产业绩效的影响,若只关注早期的上市公司,则无法全面反映出产业发展的情况;若仅关注某一段时期的公司情况,则不能准确测度产业政策的长期影响。因此,为了全面而准确地分析产业政策对于新能源汽车产业绩效的影响作用,本研究构建新能源汽车产业链不同主体的非平衡面板数据模型。

非平衡面板数据模型(Unbalance Panel Data Models)是面板数据模型的

特殊形式。面板数据模型将时间序列数据与横截面数据结合起来，从时间维度和空间维度分析研究对象的差异性。与一维数据模型相比，面板数据模型能够更好地分析复杂的经济管理问题，是目前计量经济学应用最为广泛的实证模型之一[223]。以往的研究主要集中在对平衡面板数据（Balance Panel Data）的分析，平衡面板数据要求每个时期的样本是一样的；然而在现实社会中，企业的成立、倒闭或调查对象的进入、退出等会使得不同时期的研究样本并不相同，进而形成非平衡面板数据[224]。非平衡面板数据更符合经济管理问题的实际情况，更能反映出研究对象的动态变化，因而受到越来越多学者的关注。

有关非平衡面板数据模型的估计方法，已有学者进行了探究。Searle等将平衡面板数据的方差分析方法运用到非平衡面板数据的估计，提出ANOVA估计法[225]。Jennrich等认为平衡面板数据的极大似然估计方法也适用于非平衡面板数据[226]。Baltagi等通过蒙特卡洛模拟发现极大似然估计（MLE）与ANOVA方法在方差组合以及标准差的估计中要优于其他方法[227]。与面板数据模型相同，按照模型中参数性质，非平衡面板数据模型也分固定效应模型（Fixed Effects Model）和随机效应模型（Random Effects Model）。两者的区别在于横截面个体异质性与解释变量是否相关，若个体异质性与解释变量相关则运用固定效应模型，反之，则采用随机效应模型。在选择具体模型之前，可采用似然比（Likehood Ratio，LR）检验和Hausman检验，根据检验的结果确定所使用的模型。

5.1.1 产业政策综合性与产业绩效

新能源汽车产业作为战略性新兴产业，政府给予了很多政策支持。这些政策的颁布实施对于产业发展的影响如何？对于产业链不同位置企业的影响作用是否有差异？为了探究这些问题，本书引入政策综合性变量分析政策对于产业发展的影响。有关产业绩效的衡量指标，部分学者认为产业绩效是产业内部各个企业绩效的整体表现[119,120],故将企业的财务绩效作为产业绩效,也有学者认为应该将企业的财务绩效和发展绩效的集合作为产业绩效的衡量指标[229,230]。本书借鉴大部分学者所认同的产业绩效测量指标,将新能源汽车企业的主营业务收入作为产业绩效的衡量指标。政策综合性指标则运用每年各类型政策的得分总和。根据以往学者的研究,企业规模、资产负债率、净资产收益率、企业年龄、产权性质以及所处地理位置等可能会影响企业的主营业务收入,故本书将这些变量作为控制变量。此外,为了消除变量量纲及数量级不同对研究造成的影响,本书对除了资产负债率、净资产收益率、产权性质以及所处地理位置之外的变量取自然对数。本书构建具体模型(5-1)。

$$\ln INC = \alpha_0 + \alpha_1 \ln PMC + \alpha_2 \ln SIZE + \alpha_3 \ln AGE + \alpha_4 ROE + \alpha_5 LOAR + \\ \alpha_6 OWNERSHIP + \alpha_7 LOCAL + \mu \quad (5-1)$$

部分学者研究表明,产业政策对企业的影响是非线性的,可能存在倒 U 型的关系[237]。基于此,本书构建模型(5-2)。

$$\ln INC = \alpha_0 + \alpha_1 \ln PMC + \alpha_2 \ln PMC^2 + \alpha_3 \ln SIZE + \alpha_4 \ln AGE + \alpha_5 ROE + \\ \alpha_6 LOAR + \alpha_7 OWNERSHIP + \alpha_8 LOCAL + \mu \quad (5-2)$$

在模型(5-1)和(5-2)中,INC 代表企业的主营业务收入;PMC 代表政策综合性;$SIZE$ 为期末总资产;AGE 为企业年龄;ROE 为企业净资产收益率;$LOAR$ 为企业资产负债率;$OWNERSHIP$ 为企业产权性质(国有企业为 1,非国有企业为 0);$LOCAL$ 为企业所处地理位置(1 为东部地区,0 为中西部地区);α_0 为个体异质性或不可观测的异质性;μ 为随机干扰项。

5.1.2 产业政策多样性与产业绩效

有学者研究表明,政策工具组合的效果优于单一政策工具[238,239]。换言之,为了实现政策效果的最优,多样性的政策组合与单一政策工具相比,更能实现预期目标。但也有研究表明,过多重叠的政策工具会削弱政策效率[240]。为探究产业政策多样性对于新能源汽车产业绩效的影响,本书构建模型(5-3)和(5-4)。模型中的解释变量为政策多样性指数,被解释变量为新能源汽车产业绩效,控制变量仍为企业的规模、资产负债率、净资产收益率、企业年龄、产权性质以及企业所处地理位置。

$$\ln INC = \alpha_0 + \alpha_1 PDI + \alpha_2 \ln SIZE + \alpha_3 \ln AGE + \alpha_4 ROE + \alpha_5 LOAR + \alpha_6 OWNERSHIP + \alpha_7 LOCAL + \mu \quad (5-3)$$

$$\ln INC = \alpha_0 + \alpha_1 PDI + \alpha_2 PDI^2 + \alpha_3 \ln SIZE + \alpha_4 \ln AGE + \alpha_5 ROE + \alpha_6 LOAR + \alpha_7 OWNERSHIP + \alpha_8 LOCAL + \mu \quad (5-4)$$

模型(5-3)和(5-4)中,PDI为新能源汽车产业政策多样性指数,其余变量与模型(5-1)和(5-2)相同。

5.1.3 产业政策协同性与产业绩效

有效的政策协同可以实现更好的政策效果[191,192],有研究表明政策协同对经济绩效和技术绩效有显著的差异性[55],不同类型政策的协同对光伏产业绩效的影响具有明显的方向差异性[95]。产业政策的协同性是否也会影响新能源汽车产业不同位置企业的经济绩效?为分析不同类型产业政策之间的协同性对新能源汽车产业绩效的影响,本书构建模型(5-5),模型包含三类政策协同,供给面政策与需求面政策的协同度,供给面政策与环境面政策的协同度,需求面政策与环境面政策的协同度。通过分析三类产业政策协同性对于新能源汽车产业绩效的影响,为政策完善提供相应的对策建议。

$$\ln INC = \alpha_0 + \alpha_1 PCS + \alpha_2 \ln SIZE + \alpha_3 \ln AGE + \alpha_4 ROE + \alpha_5 LOAR + \alpha_6 OWNERSHIP + \alpha_7 LOCAL + \mu \quad (5-5)$$

模型(5-5)中，PCS 为三类政策两两之间的协同性，PCS_{12} 为供给面政策与环境面政策的协同性，PCS_{13} 为供给面政策与需求面政策的协同性，PCS_{23} 为环境面政策与需求面政策的协同性，其余变量与模型(5-1)至模型(5-4)相同。

如上所述，各模型选取的具体变量及具体描述如表5-1所示。

表5-1 模型各变量及具体描述

	变量名称	具体描述
被解释变量	$\ln INC_u$	上游企业的主营业务收入取自然对数
	$\ln INC_m$	中游企业的主营业务收入取自然对数
	$\ln INC_d$	下游企业的主营业务收入取自然对数
解释变量	$\ln PMC$	政策综合性得分取对数
	PDI	政策多样性指数
	PCS_{12}	供给面政策与环境面政策的协同性
	PCS_{13}	供给面政策与需求面政策的协同性
	PCS_{23}	环境面政策与需求面政策的协同性
控制变量	$\ln SIZE_u$	上游企业的期末总资产取自然对数
	$\ln SIZE_m$	中游企业的期末总资产取自然对数
	$\ln SIZE_d$	下游企业的期末总资产取自然对数
	$LOAR_u$	上游企业的资产负债率
	$LOAR_m$	中游企业的资产负债率
	$LOAR_d$	下游企业的资产负债率
	ROE_u	上游企业的净资产收益率
	ROE_m	中游企业的净资产收益率
	ROE_d	下游企业的净资产收益率
	$\ln AGE_u$	上游企业年龄取对数
	$\ln AGE_m$	中游企业年龄取对数
	$\ln AGE_d$	下游企业年龄取对数
	$LOCAL$	企业所处的地理位置(1为东部地区，0为中西部地区)
	$OWNERSHIP$	企业的属性(1为国有企业，0为非国有企业)

5.2 研究样本与基本数据分析

5.2.1 研究样本的选择

本章分析新能源汽车产业政策特征对于新能源汽车产业绩效的影响，第 3 章节已介绍新能源汽车产业政策文本的获取以及政策特征的测度，在此不赘述。本书根据 Wind 数据库所划分的锂矿、新能源汽车、锂电池以及充电桩所包含的概念股，结合同花顺财经网站有关新能源汽车概念股涉及的企业，以及相关行业报告等，确定新能源汽车产业链上、中、下游共 188 家上市公司作为初始研究样本。其中，上游企业 45 家，中游企业 85 家，下游企业 58 家。对初始的 188 家上市公司进行初步分析发现，有 18 家公司是 2016 年及之后年份上市的。由于分析政策对于新能源汽车产业发展的持续影响，而近期上市的公司其数据时间跨度不够长，故删除这 18 家公司。此外，有 8 家为 ST 挂牌的公司，而 ST 挂牌的公司为财务异常或其他状况异常的公司，根据研究惯例予以删除。最终保留上游企业 40 家，中游企业 73 家，下游企业 49 家，共 162 家新能源汽车上市公司。根据证监会行业分类，上游企业主要为制造业和采矿业，中游企业主要为制造业，下游企业也主要为制造业。根据 5.1 章节的论述，本书选择主营业务收入作为产业绩效的衡量指标。由于国泰安数据有关上市公司主营业务数据是从 2003 年开始统计的，Wind 数据库则只能查询到 2016 年及以后的数据，故本书将研究时间跨度定为 2003—2018 年。从 CSMAR 数据库以及 Wind 数据库下载 162 家上市公司 2003—2018 年的主营业务收入数据、企业期末总资产、资产负债率、净资产收益率以及企业基本情况的数据。此外，对于部分缺失的数据，需通过巨潮资讯网下载企业财务年报，手工整理补充缺失数据。

5.2.2 基本描述性统计分析

对所有样本企业的属性、上市地点、上市时间以及所处地理位置整体情况进行初步的统计。具体情况如表5-2所示。由表5-2可知，在162家上市公司中，上、中、下游企业的某些特征呈现相似性：在企业属性方面，非国有企业（包括民营企业、集体企业和公众企业）占大部分；上市地点方面，大部分企业都为深交所上市；所处地理位置方面，大部分地区都处于东部地区。在上市时间方面，上游企业中超过一半的公司上市时间为10年以下，而中游企业以及下游企业则是超过一半的公司其上市时间为10年及以上。造成这种现象的原因，一方面是随着国家对新能源汽车产业的大力支持，涉及新能源汽车产业的上市公司数量呈现上升趋势；另一方面由于本书研究样本中删除了2016年及之后上市的公司，造成了数量上的偏差。研究样本的企业属性分布情况表明，新能源汽车产业中，非国有企业占有重要地位，同时国有企业对于贯彻发展新能源汽车产业的战略部署具有重要意义。而地理位置分布情况则表明目前我国有关新能源汽车企业多集中在东部地区，地区发展不均衡比较明显。除了了解研究样本基本特征外，本书还对模型中所涉及的被解释变量、解释变量及控制变量进行了描述性统计（见表5-3）。通过表5-3对各变量数据的基本情况有了初步了解，包括平均值、标准差、最大值、最小值和偏度。

表 5-2 研究样本基本特征

类别	项目	上游企业	中游企业	下游企业
企业属性	国有企业	25.00%	20.55%	32.65%
	非国有企业	75.00%	79.45%	67.35%
上市时间	10年及以上	47.50%	56.16%	57.14%
	10年以下	52.50%	43.84%	43.86%
上市地点	深交所	70.00%	73.97%	65.31%
	沪交所	30.00%	26.03%	34.69%

续表

类别	项目	上游企业	中游企业	下游企业
所处地理位置	东部地区	62.50%	73.23%	77.55%
	中西部地区	37.50%	28.77%	22.45%

表5-3 模型各变量描述性统计分析

变量	平均值	标准差	最大值	最小值	偏度
上游企业主营业务收入($\ln INC_u$)	21.097	1.376	24.330	16.684	-0.087
中游企业主营业务收入($\ln INC_m$)	21.207	1.304	26.212	17.139	0.558
下游企业主营业务收入($\ln INC_d$)	21.653	1.810	27.488	15.459	-0.660
政策综合性($\ln PMC$)	6.023	1.272	7.246	2.708	-1.027
政策多样性(PDI)	0.795	0.341	1.092	0	-1.615
政策协同性(PCS_{12})	-0.007	0.140	0.309	-0.247	0.672
政策协同性(PCS_{13})	0.016	0.169	0.327	-0.255	0.542
政策协同性(PCS_{23})	0.006	0.164	0.352	-0.282	0.273
期末总资产($\ln SIZE_u$)	21.785	1.352	25.512	18.071	-0.128
期末总资产($\ln SIZE_m$)	21.728	1.194	26.650	17.785	0.727
期末总资产($\ln SIZE_d$)	22.039	1.582	27.386	10.912	0.044
资产负债率($LOAR_u$)	0.461	0.209	1.677	0.050	1.077
资产负债率($LOAR_m$)	0.440	0.184	1.211	0.050	-0.018
资产负债率($LOAR_d$)	0.464	0.194	0.982	0.071	-0.059
净资产收益率(ROE_u)	0.055	0.468	3.520	-6.548	-7.560
净资产收益率(ROE_m)	0.048	0.555	0.614	-15.607	-26.424
净资产收益率(ROE_d)	0.031	1.169	0.614	-28.292	-23.543
企业年龄($\ln AGE_u$)	2.667	0.402	3.555	1.097	-0.532
企业年龄($\ln AGE_m$)	2.684	0.410	3.664	0	-0.937
企业年龄($\ln AGE_d$)	2.652	0.377	3.555	1.099	-0.660

5.2.3 相关性分析

在进行实证分析之前,对各模型的变量进行相关性分析,通过Pearson相关性系数初步判断各变量之间的关系,相关性分析结果如表5-4、表5-5、表5-6所示。

表 5-4 上游企业各变量相关性系数表

	$\ln INC_u$	$\ln PMC$	PCS_{12}	PCS_{13}	PCS_{23}	PDI	$\ln SIZE_u$	$LOAR_u$	ROE_u	$\ln AGE_u$	$LOCAL_u$	$OWNERSHIP_u$
$\ln INC_u$	1											
$\ln PMC$	0.419***	1										
PCS_{12}	-0.137***	-0.172***	1									
PCS_{13}	-0.413***	-0.162***	0.826***	1								
PCS_{23}	-0.157***	-0.163***	0.802***	0.741***	1							
PDI	0.252***	0.769***	0.145***	0.164***	0.211***	1						
$\ln SIZE_u$	0.851***	0.491***	-0.173***	-0.188***	-0.185***	0.314***	1					
$LOAR_u$	0.054	-0.197***	0.022	-0.040	-0.033	-0.207***	0.111**	1				
ROE_u	0.152***	0.012	-0.003	0.015	0.009	-0.026	0.027	-0.136***	1			
$\ln AGE_u$	0.537***	0.561***	-0.168***	-0.200***	-0.192***	0.345***	0.619***	0.041	-0.022	1		
$LOCAL_u$	0.158***	-0.095**	0.017	0.020	0.021	-0.064	0.123***	0.523	-0.095**	0.033	1	
$OWNERSHIP_u$	0.189***	-0.025	-0.013	-0.021	-0.016	-0.40	0.023	0.038	0.097**	0.028	-0.157***	1

注：***、**、*分别表示对应系数在1%、5%、10%水平下显著，下同。

表 5-5 中游企业各变量相关性系数表

	$\ln INC_m$	$\ln PMC$	PCS_{12}	PCS_{13}	PCS_{23}	PDI	$\ln SIZE_m$	$LOAR_m$	ROE_m	$\ln AGE_m$	$LOCAL_m$	$OWNERSHIP_m$
$\ln INC_m$	1											
$\ln PMC$	0.391***	1										
PCS_{12}	-0.151***	-0.159***	1									
PCS_{13}	-0.158***	-0.156***	0.822***	1								
PCS_{23}	-0.168***	-0.157***	0.803***	0.736***	1							
PDI	0.217***	0.764***	0.144***	0.169***	0.219***	1						
$\ln SIZE_m$	0.873***	0.458***	-0.175***	-0.202***	-0.214***	0.242***	1					
$LOAR_m$	0.286***	-0.079**	0.000	-0.056*	-0.024	-0.097***	0.279***	1				
ROE_m	0.019	-0.036	0.022	0.045	0.032	0.023	-0.048	-0.132***	1			
$\ln AGE_m$	0.296***	0.540***	-0.154***	-0.197***	-0.196***	0.309***	0.309***	0.181***	-0.018	1		
$LOCAL_m$	0.160***	0.022	-0.008	-0.010	-0.009	0.007	0.110***	-0.068**	0.106***	0.080**	1	
$OWNERSHIP_m$	0.101***	-0.100***	0.021	0.018	0.012	-0.075**	0.022	0.027	0.021	-0.123***	-0.232***	1

表 5-6 下游企业各变量相关性系数表

	$lnINC_d$	$lnPMC$	PCS_{12}	PCS_{13}	PCS_{23}	PDI	$lnSIZE_d$	$LOAR_d$	ROE_d	$lnAGE_d$	$LOCAL_d$	$OWNERSHIP_d$
$lnINC_d$	1											
$lnPMC$	0.177***	1										
PCS_{12}	-0.083**	-0.157***	1									
PCS_{13}	-0.076*	-0.147***	0.826***	1								
PCS_{23}	-0.079*	-0.149***	0.796***	0.735***	1							
PDI	0.101**	0.778***	0.139***	0.161***	0.209***	1						
$lnSIZE_d$	0.894***	0.282***	-0.098**	-0.114***	-0.115***	0.153***	1					
$LOAR_d$	0.471***	-0.018	-0.037	-0.084	-0.081**	-0.079*	0.440***	1				
ROE_d	0.028	-0.054	0.033	0.027	0.033	-0.023	-0.006	-0.127***	1			
$lnAGE_d$	0.297***	0.709***	-0.161***	-0.184***	-0.186***	0.477***	0.409***	0.150***	-0.064	1		
$LOCAL_d$	-0.270***	0.038	-0.013	-0.011	-0.011	0.028	-0.254***	-0.094**	-0.034	0.048	1	
$OWNERSHIP_d$	0.372***	-0.272***	0.026	0.020	0.022	-0.226***	0.331***	0.516***	-0.054	-0.027	-0.104**	1

通过相关性检验分析可知，政策综合性在1%显著性水平下与新能源汽车产业上、中、下游企业的经济绩效显著相关；政策协同性与产业不同位置企业的经济绩效相关性存在差异；政策多样性指数在1%显著性水平下与新能源汽车产业上游和中游企业的经济绩效相关，在5%显著性水平下与新能源汽车产业下游企业的经济绩效相关。控制变量中，上游企业的企业规模、净资产收益率、企业年龄、地理位置以及企业属性在1%显著性水平下与企业的经济绩效相关，中游企业的企业规模、资产负债率、企业年龄、地理位置以及企业属性在1%显著性水平下与企业的经济绩效相关，而下游企业的企业规模、资产负债率、企业年龄、地理位置以及企业属性在1%显著性水平下与企业的经济绩效相关。控制变量与产业链不同位置企业的经济绩效相关性结果表明，对于新能源汽车产业而言，企业规模、企业年龄、地理位置以及企业属性与企业的经济绩效有相关性，而资产负债率与净资产收益率对产业链不同主体的经济绩效影响也不同，资产负债率与中游和下游企业的经济绩效相关，净资产收益率与上游企业的经济绩效相关。

通过相关性分析对各变量之间的关系有了初步了解，而若想进一步探究不同模型变量间的相关性及显著性，则需要对非平衡面板数据模型进行验证。5.1节中已构建包括不同产业政策特征与新能源汽车产业绩效，以及控制变量在内的模型。5.3、5.4、5.5节内容通过对模型的验证，分析新能源汽车产业政策特征对产业链上、中、下游产业绩效的影响。

5.3 产业政策特征对新能源汽车上游产业绩效的影响

5.3.1 政策综合性对上游产业绩效的影响

产业政策综合性对于上游产业绩效的影响结果如表 5-7 所示。通过模型的验证可知，产业政策综合性对上游产业绩效存在正向影响（见表 5-7，模型一），且存在明显的滞后性（见表 5-7，模型三），而产业政策综合性与上游产业绩效的非线性关系未得到验证（见表 5-7，模型二）。在控制变量中，企业规模、净资产收益率、企业的地理位置、所有权性质影响上游产业绩效的关系在四个模型中都得到验证，企业年龄与上游产业绩效的关系在模型一和模型三得到验证，而资产负债率对上游产业绩效的影响作用未得到验证。

表 5-7 产业政策综合性对于新能源汽车上游产业绩效的影响结果

变量	模型一	模型二	模型三(滞后性模型)	模型四(滞后性模型)
$\ln PMC_u$	0.235*** (0.000)	-0.830 (0.687)	0.214*** (0.003)	-0.976 (0.632)
$\ln PMC_u \times \ln PMC_u$	—	0.107 (0.608)	—	0.121 (0.562)
$\ln SIZE_u$	0.706*** (0.000)	0.706*** (0.000)	0.712*** (0.000)	0.712*** (0.000)
$LOAR_u$	0.016 (0.910)	0.016 (0.910)	-0.012 (0.958)	-0.012 (0.936)
ROE_u	0.215*** (0.000)	0.215*** (0.000)	0.198** (0.018)	0.197*** (0.000)
$\ln AGE_u$	-0.562** (0.021)	-0.562** (0.021)	-0.653** (0.010)	-0.653* (0.030)

续表

变量	模型一	模型二	模型三(滞后性模型)	模型四(滞后性模型)
$LOCAL_u$	1.139*** (0.000)	1.139*** (0.000)	1.208*** (0.000)	1.208*** (0.000)
$OWNERSHIP_u$	0.457* (0.055)	0.457* (0.055)	0.558** (0.017)	0.558* (0.032)
C	5.708*** (0.000)	7.809* (0.062)	5.978*** (0.000)	8.316* (0.045)
N	484	484	444	444
R^2	0.908	0.908	0.908	0.908
R^2-Ad	0.896	0.896	0.894	0.894
Prob(F-statistic)	0.000	0.000	0.000	0.000
年份固定效应	是	是	是	是
个体固定效应	是	是	是	是

注:***、**、*分别表示T统计值在置信水平1%、5%、10%水平上显著,括号内的数值为对应系数T统计值的P值。R^2表示模型中自变量对因变量的解释程度,Prob(F-statistic)为F统计值的P值,表示模型的整体显著性,其值越小越好。下同。

5.3.2 政策多样性对上游产业绩效的影响

分析产业政策多样性与新能源汽车上游产业绩效的关系,发现产业政策多样性对上游产业绩效产生正向影响,且存在倒U型的关系(见表5-8,模型二)。由模型二可知,产业政策多样性与新能源汽车上游产业绩效的影响存在先递升后递减的关系,即在新能源汽车产业发展初期,多样性的政策能够促进上游产业绩效的提升,但当产业发展到一定阶段,过多不同类型政策的约束反而对上游产业绩效造成冲击。倒U型关系也表明,政策的多样性能够促进上游产业绩效的提升,但政策多样性存在过犹不及的效应,因而在运用政策工具时应把握适度原则。此外,本节研究验证了产业政策多样性的滞后性(见表5-8,模型三、模型四),结果表明产业政策多样性对上游产业绩效的作用产生正向的滞后影响。

表 5-8 产业政策多样性对新能源汽车上游产业绩效的影响结果

变量	模型一	模型二	模型三(滞后性模型)	模型四(滞后性模型)
PDI_u	1.341*** (0.000)	3.128*** (0.009)	1.047*** (0.003)	0.516** (0.044)
$PDI_u \times PDI_u$	—	-2.234* (0.058)	—	-0.440* (0.060)
$\ln SIZE_u$	0.706*** (0.000)	0.706*** (0.000)	0.712*** (0.000)	0.729*** (0.000)
$LOAR_u$	0.016 (0.910)	0.016 (0.910)	-0.012 (0.936)	-0.031 (0.836)
ROE_u	0.215*** (0.000)	0.215*** (0.000)	0.198*** (0.000)	0.210*** (0.000)
$\ln AGE_u$	-0.562** (0.021)	-0.562** (0.021)	-0.653** (0.030)	0.138 (0.363)
$LOCAL_u$	1.139*** (0.000)	1.139*** (0.000)	1.208*** (0.000)	1.349*** (0.000)
$OWNERSHIP_u$	0.457* (0.055)	0.457* (0.055)	0.558** (0.032)	0.141 (0.512)
C	6.346*** (0.000)	6.346*** (0.000)	6.559*** (0.000)	6.559*** (0.000)
N	484	484	444	444
R^2	0.908	0.908	0.908	0.903
R^2-Ad	0.896	0.896	0.894	0.890
Prob(F-statistic)	0.000	0.000	0.000	0.000
年份固定效应	是	是	是	是
个体固定效应	是	是	是	是

5.3.3 政策协同性对上游产业绩效的影响

本研究中的产业政策协同性包括三类政策两两之间的协同性,具体而言,包括供给面政策与环境面政策的协同性(PCS_{12})、供给面政策与需求面政策的协同性(PCS_{13}),以及环境面与需求面政策的协同性(PCS_{23}),结果见表 5-9。

表 5-9 产业政策协同性对于新能源汽车上游产业绩效的影响结果

变量	模型一	模型二(滞后性模型)
PCS_{12u}	0.241 (0.863)	-3.182** (0.033)
PCS_{13u}	-5.928*** (0.001)	0.396 (0.421)
PCS_{23u}	-3.278*** (0.008)	-3.564** (0.012)
$\ln SIZE_u$	0.706*** (0.000)	0.712*** (0.000)
$LOAR_u$	0.016 (0.910)	-0.122 (0.936)
ROE_u	0.215*** (0.000)	0.198*** (0.000)
$\ln AGE_u$	-0.562** (0.021)	-0.653** (0.030)
$LOCAL_u$	1.139*** (0.000)	1.208*** (0.000)
$OWNERSHIP_u$	0.4576* (0.055)	0.558** (0.032)
C	6.346*** (0.000)	6.559*** (0.000)
N	484	444
R^2	0.908	0.908
R^2-Ad	0.896	0.894
Prob(F-statistic)	0.000	0.000
年份固定效应	是	是
个体固定效应	是	是

通过表 5-9 中的模型一和模型二可知,供给面政策与环境面政策之间的协同对上游产业绩效的影响作用未得到验证,供给面政策与需求面政策的协同性、环境面政策与需求面政策的协同性对上游产业绩效产生负向的影响,而滞后性中供给面政策与环境面政策的协同性,以及环境面与需求面政策的协同性对上游产业绩效产生负向的影响。研究结果表明,对上游

产业而言，三类政策的协同性未能有效促进产业绩效的提升。究其原因，当前新能源汽车产业政策主要集中在对中、下游产业的拉动，忽视上游产业，政策协同性未能达到有效的协同来促进上游产业绩效的提升。

5.4 产业政策特征对新能源汽车中游产业绩效的影响

5.4.1 政策综合性对中游产业绩效的影响

产业政策综合性对新能源汽车中游产业绩效产生较为复杂的影响，一方面产业政策综合性对中游产业绩效产生正向的影响（见表5-10，模型一），且存在倒U型关系（见表5-10，模型二）；另一方面产业政策综合性对中游产业绩效的线性滞后性未得到验证（见表5-10，模型三），但存在倒U型的滞后影响（见表5-10，模型四）。两者复杂的关系可理解为：产业政策综合性对产业绩效的影响有一个发展变化的过程，政策的颁布实施会促进中游产业绩效的提升，但产业政策并非越多越好，当产业发展到一定阶段，过多的政策反而会对中游产业绩效产生负向影响；同时，滞后影响也具有类似的变化过程。产业政策综合性与中游产业绩效之间的倒U型关系表明，产业政策能够促进中游产业绩效的提升，但并不意味着产业政策越多中游产业绩效越好，政策的制定和实施要根据产业发展的特点，遵守适度原则。

表5-10 产业政策综合性对新能源汽车中游产业绩效的影响结果

变量	模型一	模型二	模型三（滞后性模型）	模型四（滞后性模型）
$\ln PMC_m$	0.241*** (0.000)	1.956** (0.023)	0.033 (0.490)	0.523*** (0.000)
$\ln PMC_m \times \ln PMC_m$	—	-0.221** (0.018)	—	-0.053*** (0.000)

续表

变量	模型一	模型二	模型三（滞后性模型）	模型四（滞后性模型）
$\ln SIZE_m$	0.679*** (0.000)	0.679*** (0.000)	1.011*** (0.000)	1.016*** (0.000)
$LOAR_m$	0.524*** (0.000)	0.524** (0.000)	0.258** (0.047)	0.269** (0.037)
ROE_m	0.061* (0.061)	0.061*** (0.061)	0.062*** (0.018)	0.053** (0.042)
$\ln AGE_m$	−0.045 (0.800)	−0.045 (0.800)	0.021*** (0.909)	0.062 (0.703)
$LOCAL_m$	0.676** (0.013)	0.676** (0.013)	1.119*** (0.000)	1.083*** (0.000)
$OWNERSHIP_m$	−0.797*** (0.001)	−0.797*** (0.001)	−0.753*** (0.000)	0.736*** (0.000)
C	5.528*** (0.000)	−1.172*** (0.009)	−0.799 (0.264)	−1.936*** (0.013)
N	852	852	779	779
R^2	0.881	0.881	0.847	0.921
R^2-Ad	0.866	0.866	0.845	0.912
Prob(F-statistic)	0.000	0.000	0.000	0.000
年份固定效应	是	是	是	是
个体固定效应	是	是	是	是

5.4.2 政策多样性对中游产业绩效的影响

产业政策多样性对新能源汽车中游产业绩效的影响结果如表5-11所示。具体而言，产业政策多样性促进中游产业绩效的提升（见表5-11，模型一），加入多样性的二次项之后结果显示两者之间存在倒U型的关系，一次项系数显著为正，二次项系数显著为负（见表5-11，模型二），即多样性的政策在初始阶段能够促进中游产业绩效的提升，但并不意味着产业政策的多样性越高越好，当到达某一阈值后，增加产业政策的多样性反而会对中游产业绩效产生负向的影响作用。究其原因，适度的政策多样性代表政策组合的恰当运用,能够促进中游产业绩效的提升;而过多的政策多样性意味着政策的冗余,会对中游产业绩效的提升造成阻碍。此外,产业政策多样性对中游产业正向的滞后作用得到验证(见表5-11,模型三),但非线性的滞后作用未得到验证(见表5-11,模型四)。

表5-11 产业政策多样性对新能源汽车中游产业绩效的影响结果

变量	模型一	模型二	模型三(滞后性模型)	模型四(滞后性模型)
PDI_m	1.374*** (0.000)	1.956** (0.023)	0.093* (0.076)	0.321* (0.062)
$PDI_m * PDI_m$	—	-0.221** (0.018)	—	-0.215 (0.164)
$\ln SIZE_m$	0.679*** (0.000)	0.679*** (0.000)	0.976*** (0.000)	0.973*** (0.000)
$LOAR_m$	0.524*** (0.000)	0.524*** (0.000)	0.282** (0.030)	0.272** (0.037)
ROE_m	0.061* (0.061)	0.061* (0.061)	0.051* (0.055)	0.051* (0.052)
$\ln AGE_m$	-0.045 (0.800)	-0.045 (0.800)	-0.138 (0.139)	-0.146 (0.118)
$LOCAL_m$	0.676*** (0.013)	0.676** (0.013)	1.246*** (0.000)	1.252*** (0.000)
$OWNERSHIP_m$	-0.797*** (0.001)	-0.797*** (0.001)	-0.838*** (0.000)	-0.846*** (0.000)
C	6.128*** (0.000)	6.182*** (0.000)	0.602*** (0.000)	0.674* (0.162)
N	852	852	779	779
R^2	0.881	0.881	0.784	0.919
R^2-Ad	0.866	0.866	0.783	0.910
Prob(F-statistic)	0.000	0.000	0.000	0.000
年份固定效应	是	是	是	是
个体固定效应	是	是	是	是

5.4.3 政策协同性对中游产业绩效的影响

产业政策协同性对新能源汽车中游产业绩效的影响效果如表 5-12 所示。供给面政策与环境面政策的协同性(PCS_{12})对新能源汽车中游产业绩效产生负向的影响,且存在负向的滞后影响;供给面政策与需求面政策的协同性(PCS_{13})对新能源汽车中游产业绩效产生正向的影响,且存在正向的滞后影响;环境面政策与需求面政策的协同性(PCS_{23})对新能源汽车中游产业绩效产生正向的影响,但滞后影响并不显著。政策协同性对中游产业绩效的影响结果表明,当前供给面与环境面政策之间未达到有效协同来促进中游产业绩效的提升,供给面与需求面政策之间的协同以及环境面与需求面政策之间的协同效果较好。

表 5-12 产业政策协同性对新能源汽车中游产业绩效的影响结果

变量	模型一	模型二(滞后性模型)
PCS_{12m}	-0.713** (0.016)	-0.395** (0.040)
PCS_{13m}	0.371* (0.076)	0.292** (0.035)
PCS_{23m}	0.325** (0.036)	0.134 (0.299)
$\ln SIZE_m$	0.920*** (0.000)	0.986*** (0.000)
$LOAR_m$	0.411*** (0.001)	0.264** (0.041)
ROE_m	0.128*** (0.001)	0.053** (0.043)
$\ln AGE_m$	0.123** (0.025)	-0.066 (0.425)
$LOCAL_m$	0.247*** (0.000)	1.201*** (0.000)
$OWNERSHIP_m$	0.318*** (0.000)	-0.809*** (0.000)

续表

变量	模型一	模型二(滞后性模型)
C	0.442 (0.267)	0.212 (0.664)
N	852	779
R^2	0.785	0.919
R^2-Ad	0.783	0.910
Prob(F-statistic)	0.000	0.000
年份固定效应	是	是
个体固定效应	是	是

5.5 产业政策特征对新能源汽车下游产业绩效的影响

5.5.1 政策综合性对下游产业绩效的影响

产业政策综合性对新能源汽车下游产业绩效产生正向的影响(表5-13，模型一)，加入产业政策综合性的二次项后，其系数显著为负(表5-13，模型二)，表明产业政策综合性与新能源汽车下游产业绩效之间存在倒U型关系。对产业政策综合性滞后性的验证结果(表5-13，模型三和模型四)表明正向的滞后影响存在，且滞后性的倒U型关系更加显著。

表5-13 产业政策综合性对新能源汽车下游产业绩效的影响

变量	模型一	模型二	模型三(滞后性模型)	模型四(滞后性模型)
$lnPMC_d$	0.156*** (0.006)	0.648*** (0.005)	0.014** (0.010)	0.698*** (0.000)
$lnPMC_d \times lnPMC_d$	—	-0.063*** (0.003)	—	-0.072*** (0.000)
$lnSIZE_d$	0.4716*** (0.000)	0.997*** (0.000)	0.463*** (0.000)	1.190*** (0.000)

续表

变量	模型一	模型二	模型三(滞后性模型)	模型四(滞后性模型)
$LOAR_d$	1.103*** (0.000)	0.761** (0.000)	1.093*** (0.000)	0.161 (0.256)
ROE_d	0.070*** (0.000)	0.058** (0.036)	0.071*** (0.000)	0.032 (0.065)
$\ln AGE_d$	0.070 (0.763)	-0.264** (0.039)	0.112 (0.630)	-0.41*** (0.000)
$LOCAL_d$	-0.874*** (0.002)	-0.133* (0.078)	-0.888*** (0.002)	-0.026 (0.611)
$OWNERSHIP_d$	-0.029 (0.890)	0.139* (0.089)	-0.043 (0.838)	0.117 (0.034)
C	9.879*** (0.000)	-1.454* (0.073)	-10.351*** (0.000)	-5.116*** (0.000)
N	606	606	557	557
R^2	0.929	0.818	0.923	0.923
R^2-Ad	0.922	0.816	0.922	0.922
Prob(F-statistic)	0.000	0.000	0.009	0.000
年份固定效应	是	是	是	是
个体固定效应	是	是	是	是

5.5.2 政策多样性对下游产业绩效的影响

产业政策多样性与新能源汽车下游产业绩效之间的关系如表 5-14 所示。通过对表 5-14 中模型一至模型四的验证，可知产业政策多样性对新能源汽车下游产业绩效存在正向影响且存在正向的滞后性(表 5-14，模型一、模型三)，非线性的关系未得到证实(表 5-14，模型二、模型四)。

表 5-14 产业政策多样性对新能源汽车下游产业绩效的影响

变量	模型一	模型二	模型三(滞后性模型)	模型四(滞后性模型)
PDI_d	0.127* (0.085)	-0.210 (0.412)	0.109** (0.036)	0.864 (0.342)
$PDI_d \times PDI_d$	—	0.314 (0.168)	—	-1.093 (0.235)

续表

变量	模型一	模型二	模型三(滞后性模型)	模型四(滞后性模型)
$\ln SIZE_d$	0.480*** (0.000)	0.482*** (0.000)	0.926*** (0.000)	0.973*** (0.000)
$LOAR_d$	1.093*** (0.000)	1.134*** (0.000)	0.545*** (0.000)	0.646*** (0.000)
ROE_d	0.070** (0.023)	0.070*** (0.000)	0.045** (0.022)	0.042*** (0.000)
$\ln AGE_d$	0.562*** (0.011)	0.582*** (0.002)	-0.288*** (0.003)	-0.083 (0.726)
$LOCAL_d$	-0.669** (0.014)	-0.637** (0.020)	-0.369** (0.050)	-0.111 (0.597)
$OWNERSHIP_d$	-0.074* (0.724)	-0.063 (0.756)	0.155 (0.267)	0.185 (0.178)
C	9.182*** (0.000)	9.080*** (0.000)	-0.273 (0.753)	-0.273 (0.753)
N	606	606	557	557
R^2	0.929	0.929	0.971	0.973
R^2-Ad	0.922	0.922	0.968	0.969
Prob(F-statistic)	0.000	0.000	0.000	0.000
年份固定效应	是	是	是	是
个体固定效应	是	是	是	是

5.5.3 政策协同性对下游产业绩效的影响

不同类型产业政策之间的协同性对新能源汽车下游产业绩效的影响有所差异(表5-15)。供给面政策与环境面政策的协同性(PCS_{12})对新能源汽车下游产业绩效产生负向的影响，且存在负向的滞后性；供给面政策与需求面政策的协同性(PCS_{13})对新能源汽车下游产业绩效产生正向的影响，且存在正向的滞后影响；环境面政策与需求面政策的协同性(PCS_{23})与新能源汽车下游产业绩效的影响关系及滞后影响未得到验证。政策协同性对下游产业绩效的影响结果表明，供给面政策与环境面政策之间，以及环境面政策与需求面政策之间未能达到有效的协同来促进新能源汽车下游产业绩效的提升。

表 5-15 产业政策协同性对新能源汽车下游产业绩效的影响结果

变量	模型一	模型二(滞后性模型)
PCS_{12d}	-0.944*** (0.001)	-0.376** (0.047)
PCS_{13d}	0.474** (0.028)	0.320** (0.024)
PCS_{23d}	0.267 (0.184)	0.120 (0.347)
$\ln SIZE_d$	0.481*** (0.000)	0.935*** (0.000)
$LOAR_d$	1.151*** (0.000)	0.547*** (0.000)
ROE_d	0.072*** (0.000)	0.044*** (0.000)
$\ln AGE_d$	0.652*** (0.000)	-0.199** (0.017)
$LOCAL_d$	-0.611** (0.025)	-0.308 (0.103)
$OWNERSHIP_d$	-0.797 (0.701)	0.149 (0.285)
C	8.975*** (0.000)	1.062* (0.064)
N	606	557
R^2	0.930	0.971
R^2-Ad	0.922	0.968
Prob(F-statistic)	0.000	0.000
年份固定效应	是	是
个体固定效应	是	是

5.6 本章小结

本章主要分析新能源汽车产业政策特征对产业绩效的影响，通过实证分析得到不同产业政策特征对新能源汽车上、中、下游产业绩效的影响。研究结果表明，不同产业政策特征对于产业绩效的影响效果不同，同一产业政策特征对产业不同主体绩效有所差异。产业政策综合性对上游产业绩效有正向的影响，且存在正向的滞后影响；而对中游和下游产业绩效存在倒 U 型的关系，且滞后性也存在倒 U 型的关系。产业政策综合性对上、中、下游产业绩效的影响表明，政策的综合性对产业绩效的影响是一个动态变化的过程，适度的综合性能够促进产业绩效的提升，但当产业发展到一定阶段，过多的政策反而会阻碍产业绩效的提升。产业政策多样性对上、中、下游产业绩效均存在正向的影响作用，同时也存在正向的滞后性；此外，产业政策多样性与上游和中游产业绩效存在倒 U 型的关系，与下游产业绩效不存在非线性的关系。该结果表明，多样性的政策能够促进产业绩效的提升，也证实了政策组合研究的相关论断。

产业政策协同性与产业绩效的关系呈现出多样性：供给面政策与环境面政策的协同性对新能源汽车中、下游产业绩效均产生负向的影响，且存在负向的滞后性；供给面政策与需求面政策的协同性对新能源汽车上游产业绩效产生负向影响，但对中游和下游产业绩效均产生正向的影响，且存在正向的滞后性；环境面与需求面政策的协同性对新能源汽车上游产业绩效产生负向的影响和负向的滞后性，但对中游产业绩效产业正向的影响，对下游产业绩效的影响未得到验证。产业政策协同性对新能源汽车上、中、下游产业绩效影响的差异性表明，当前新能源汽车供给面政策和环境面政策未能有效促进产业绩效的提升，究其原因，与两者之间缺乏有效的协同性有关，而产业政策协同性的计算结果也表明两者的协同性较差；供给面政策与需求面政策的协同性对中游、下游产业绩效产生正向影响，表明目前技术推动与需求拉动相结合的政策协同更有利于中、下游产业绩效的提升。

第6章

新能源汽车产业政策特征对产业绩效滞后效果评价

通过第5章的分析得出产业政策特征对新能源汽车上、中、下游产业绩效的影响,实证结果表明产业政策综合性、多样性以及协同性对上、中、下游产业绩效存在不同的滞后效果。本章则运用向量自回归模型(VectorAuto-Regression Model)进一步探究产业政策特征对产业绩效的具体滞后影响期以及动态影响过程。

6.1 研究方法及数据检验

6.1.1 研究方法

由于传统的计量经济学模型是以经济理论为基础描述经济变量之间的关系,而经济理论通常难以精确地说明变量之间的动态联系,为了解决传统计量经济学模型的不足,美国经济学家 Christopher A. Sims 于 1980 年将向量自回归模型(简称"VAR 模型")引入经济研究中,并得到广泛的重视和应用。VAR 模型是一种多方程模型,其特点是把系统中每一个内生变量都视为系统中所有内生变量滞后值的函数,从而将单变量自回归模型推广到多元时间序列变量组成的向量自回归模型,其表达式见式(6-1):

$$y_t = \sum_{k=1}^{p} A_k y_{t-k} + Bx_t + \mu_t \quad t = 1, 2, \cdots, n \quad (6-1)$$

其中,y_t 是 k 维内生变量向量;x_t 是 d 维外生变量向量;p 为滞后阶数，n 为样本容量。A_1 至 A_k 为 $k×k$ 阶系数矩阵，B 为 $k×d$ 阶系数矩阵。μ_t 是 k 维随机项向量，可同期相关，但不与自身的滞后项相关，也不与公式右侧的变量相关。当模型中不包含外生变量时，式(6-1)可简化为：

$$y_t = \sum_{k=1}^{p} A_k y_{t-k} + \mu_t \quad t = 1, 2, \cdots, n \quad (6-2)$$

不包含外生变量的向量自回归模型[见式(6-2)]，称为非限制性向量自回归模型或无约束向量自回归模型(Unrestricter VAR)。

VAR 模型在政策研究领域的应用主要集中在分析货币政策影响效应、传导机制以及有效性，也有学者运用 VAR 模型分析科技创新政策与国家创新能力的动态演化关系[246]，不同政策工具对政策效果的影响[247]，以及不同主体对产业政策的响应程度[248]。这些研究为本书运用 VAR 模型分析新能源汽车产业政策特征对于产业绩效的滞后影响提供了思路。同时，本研究也丰富了产业政策效果评价的研究方法和研究内容。

6.1.2 数据检验

在使用 VAR 模型之前，需要对各变量进行平稳性检验，即单位根检验。单位根检验中，针对数据的特点，可选择不同的检验方法。对非平衡面板数据而言，适用的方法有 IPS 检验和 ADF 检验。ADF 检验是最常用且最具有说服力的方法。其原理如公式(6-3)所示：

设序列 $\{y_t\}$ 为 AR(p)过程的形式为：

$$y_t = \beta_0 + \beta_1 y_{t-1} + \beta_2 y_{t-2} + \cdots + \beta_p y_{t-p} + \gamma t + \mu_t \quad t = 1, 2, \cdots, n \quad (6-3)$$

其中，γt 为时间趋势，μ_t 为随机扰动项。

将式(6-3)转换为：

$$y_t = \beta_0 + \rho y_{t-1} + \gamma_1 \Delta y_{t-1} + \gamma_2 \Delta y_{t-2} + \cdots + \gamma_{p-1} \Delta y_{t-p+1} + \gamma t + \mu_t \quad t = 1, 2, \cdots, n$$

$$(6-4)$$

其中，系数(ρ, γ_1, γ_2, $\cdots$, γ_{p-1})待定，(Δy_{t-1}, Δy_{t-2}, $\cdots$, Δy_{t-p+1})

为"滞后差分项"。将式(6-4)中的差分算子去掉，合并同类项可得：

$$y_t = \beta_0 + (\rho+\gamma_1)y_{t-1} + (\gamma_2-\gamma_1)y_{t-2} + \cdots + (\gamma_{p-1}-\gamma_{p-2})y_{t-p+1} - \gamma_{p-1}y_{t-p} \\ + \gamma t + \mu_t \quad t=1,2,\cdots,n \tag{6-5}$$

将式(6-3)和式(6-5)的系数对应可得：

$$\begin{cases} \beta_1 = \rho + \gamma_1 \\ \beta_2 = \gamma_2 - \gamma_1 \\ \quad \vdots \\ \beta_{p-1} = \gamma_{p-1} - \gamma_{p-2} \\ \beta_p = -\gamma_{p-1} \end{cases} \tag{6-6}$$

方程组(6-6)中，将$(\beta_1,\beta_2,\cdots,\beta_p)$作为已知数，可得到$(\rho,\gamma_1,\gamma_2,\cdots,\gamma_{p-1})$的表达式(6-7)：

$$\begin{cases} \rho = \beta_1 + \cdots + \beta_p \\ \gamma_1 = -(\beta_2 + \cdots + \beta_p) \\ \quad \vdots \\ \gamma_{p-2} = -(\beta_{p-1} + \cdots + \beta_p) \\ \gamma_{p-1} = -\beta_p \end{cases} \tag{6-7}$$

若$\rho=1$，则AR(p)有一个单位根，即表明$\{y_t\}$平稳。

ADF检验通过对三个模型的检验(含有截距和趋势项的模型，只含截距项的模型以及两者都不包含的模型)来判定序列是否有单位根，是最常用且最具有说服力的方法，故本研究采用ADF检验法确定数据是否平稳。具体检验结果如表6-1所示。由表6-1可知，在5%置信水平下，所有变量均通过单位根检验，表明所有变量均是平稳的，可进行VAR模型的分析。

表 6-1 各变量 ADF 检验结果

变量名称	变量代码	检验类型	ADF 检验值	显著性 P 值	判定
上游产业绩效	$\ln INC_u$	(C, T, 0)	-2.470	0.007	平稳
中游产业绩效	$\ln INC_m$	(C, N, 0)	-1.998	0.022	平稳
下游产业绩效	$\ln INC_d$	(C, T, 0)	-5.807	0.000	平稳
产业政策综合性	$\ln PMC$	(C, N, 0)	-8.664	0.000	平稳
产业政策多样性	PDI	(C, N, 0)	-2.716	0.003	平稳
产业政策协同性一	PCS_{12}	(C, N, 0)	-19.722	0.000	平稳
产业政策协同性二	PCS_{13}	(C, N, 0)	-13.749	0.000	平稳
产业政策协同性三	PCS_{23}	(C, N, 0)	-13.803	0.000	平稳

注：检验类型（C，T，L）中的 C，T，L 分别表示模型中的常数项、时间趋势（N 为不包含）以及滞后项阶数。

6.1.3 确定最优滞后期

VAR 模型中最优滞后期的确定是根据不同滞后期的 LR（似然比）检验，FPE（Final Prediction Error）、AIC（Akaike Information Criterion）、SC（Schwarz Information Criterion）和 HQ（Hannan-Quinn Information Criterion）取值最小的准则来确定最优滞后期，不同信息准则下得到的最佳滞后阶数不同，需要结合滞后期的估计量确定。根据对最优滞后期的判定结果（表 6-2）可知，产业政策综合性与上游产业绩效的最优滞后期为 4，产业政策多样性与上游产业绩效的最优滞后期为 2，产业政策协同性与上游产业绩效的最优滞后期为 3。同理，由表 6-3 可知产业政策综合性、多样性和协同性与新能源汽车中游产业绩效的最优滞后期分别是 5 期、3 期、3 期。而由表 6-4 可知产业政策综合性、多样性和协同性与新能源汽车下游产业绩效的最优滞后期分别是 5 期、3 期、3 期。

表6-2 产业政策特征与上游产业绩效的VAR模型滞后阶数判断结果

	Lag	LogL	LR	FPE	AIC	SC	HQ
$\ln PMC$ 与 $\ln INC_u$	0	-577.181	NA	0.373	4.69	4.718	4.701
	1	238.593	1611.731	0.001	-1.883	-1.798	-1.849
	2	243.485	9.588	0.001	-1.891	-1.748	-1.833
	3	265.389	42.566	0.000	-2.036	-1.837	-1.955
	4	277.035	22.444*	0.000*	-2.097*	-1.842*	-1.994*
	5	280.405	6.438	0.000	-2.092	-1.78	-1.967
PDI 与 $\ln INC_u$	0	-646.869	NA	0.121	3.565	3.587	3.574
	1	-212.962	860.662	0.011	1.203	1.267	1.229
	2	-163.328	97.903*	0.009*	0.952*	1.059*	0.994*
	3	-159.355	7.793	0.009	0.953	1.102	1.012
PCS 与 $\ln INC_u$	0	168.938	NA	0.000	-0.906	-0.863	-0.889
	1	777.437	1200.281	0.000	-4.162	-3.948	-4.077
	2	1308.608	1036.075	0.000	-6.992	-6.607	-6.839
	3	2678.464	2641.865*	6.35e-12*	-14.431*	-13.874*	-14.210*

注:*表示在5%置信水平下该准则选择的滞后阶数,NA表示本栏不适用,下同。

表6-3 产业政策特征与中游产业绩效的VAR模型滞后阶数判断结果

	Lag	LogL	LR	FPE	AIC	SC	HQ
$\ln PMC$ 与 $\ln INC_m$	0	-986.432	NA	0.375	4.696	4.715	4.703
	1	304.983	2564.423	0.001	-1.420	-1.363	-1.398
	2	309.602	9.128	0.001	-1.423	-1.327	-1.385
	3	348.648	76.794	0.001	-1.590	-1.455	-1.537
	4	363.643	29.349	0.001	-1.642	-1.469*	-1.574
	5	374.395	20.942*	0.001*	-1.675*	-1.463	-1.591*
PDI 与 $\ln INC_m$	0	-1105.803	NA	0.114	3.500	3.514	3.506
	1	-414.491	1376.072	0.013	1.329	1.371	1.345
	2	-299.692	227.784	0.009	0.978	1.049*	1.006
	3	-289.387	20.381*	0.009*	0.959*	1.057	0.997*
PCS 与 $\ln INC_m$	0	363.534	NA	0.000	-1.136	-1.108	-1.125
	1	1327.820	1913.339	0.000	-4.132	-3.992	-4.078
	2	2258.133	1834.171	0.000	-7.021	-6.768	-6.923
	3	4589.78	4567.523*	6.97e-12*	-14.337*	-13.972*	-14.195*

表 6-4　产业政策特征与下游产业绩效的 VAR 模型滞后阶数判断结果

	Lag	LogL	LR	FPE	AIC	SC	HQ
$\ln PMC$ 与 $\ln INC_d$	0	-885.597	NA	0.961	5.636	5.659	5.645
	1	269.003	2287.208	0.001	-1.670	-1.598	-1.641
	2	287.785	36.96716	0.001	-1.764	-1.645	-1.716
	3	312.791	48.90172	0.001	-1.897	-1.730	-1.830
	4	330.261	33.94203	0.000	-1.983	-1.768	-1.897
	5	343.686	25.912*	0.000*	-2.042*	-1.780*	-1.938*
PDI 与 $\ln INC_d$	0	-1010.267	NA	0.282	4.411	4.429	4.418
	1	-308.437	1394.485	0.013	1.370	1.424	1.391
	2	-185.031	244.123	0.008	0.850	0.940*	0.885*
	3	-179.678	10.542*	0.008*	0.844*	0.970	0.894
PCS 与 $\ln INC_d$	0	93.414	NA	0.000	-0.390	-0.354	-0.375
	1	982.245	1758.297	0.000	-4.193	-4.013	-4.122
	2	1623.550	1257.460	0.000	-6.917	-6.594	-6.790
	3	3243.023	3147.211*	1.08e-11*	-13.904*	-13.436*	-13.720*

6.2　产业政策特征与上游产业绩效的 VAR 模型

6.2.1　VAR 模型参数估计

对相关变量进行平稳性检验及确定最优滞后项之后，建立 VAR 模型，并进行参数估计以及模型的检验，具体结果如表 6-5、表 6-6、表 6-7 所示。输出结果包括：模型的参数估计、估计系数标准差（圆括号内）、t 检验统计量值（方括号内）以及对整体模型的各种检验值（R^2，调整的 R^2、总离差平方和、标准误、F 统计量、对数似然值、AIC 信息量、SC 信息量）。

第6章 新能源汽车产业政策特征对产业绩效滞后效果评价

表6-5 产业政策综合性与新能源汽车上游产业绩效 VAR 模型估计结果

	$\ln INC_u$		$\ln PMC$	
	模型的参数估计、(估计系数标准差)、[t 检验统计量值]			
$\ln INC_u(-1)$	0.875、(-0.056)、[15.505]		0.02、(-0.017)、[1.159]	
$\ln INC_u(-2)$	0.155、(-0.068)、[2.265]		-0.022、(-0.021)、[-1.081]	
$\ln INC_u(-3)$	-0.091、(-0.065)、[-1.406]		0.046、(-0.019)、[2.344]	
$\ln INC_u(-4)$	-0.001、(-0.049)、[-0.030]		-0.045、(-0.015)、[-2.997]	
$\ln PMC(-1)$	0.067、(-0.145)、[0.460]		0.916、(-0.044)、[20.999]	
$\ln PMC(-2)$	-0.116、(-0.177)、[-0.652]		0.069、(-0.053)、[1.294]	
$\ln PMC(-3)$	-0.269、(-0.157)、[-1.712]		-0.357、(-0.047)、[-7.541]	
$\ln PMC(-4)$	0.317、(-0.117)、[2.714]		0.223、(-0.035)、[6.340]	
C	1.621、(-0.472)、[3.437]		1.207、(-0.142)、[8.501]	
整体模型检验参数				
R-squared	0.891	0.973	F-statistic	320.435	1422.830
Adj. R-squared	0.888	0.972	Log likelihood	-182.310	206.528
Sum sq. resids	58.454	5.302	Akaike AIC	1.181	-1.219
S.E. equation	0.431	0.130	Schwarz SC	1.286	-1.114

表6-6 产业政策多样性与新能源汽车上游产业绩效 VAR 模型参数估计

	$\ln INC_u$		PDI	
	模型的参数估计、(估计系数标准差)、[t 检验统计量值]			
$\ln INC_u(-1)$	0.863、(-0.048)、[17.813]		0.053、(-0.023)、[2.248]	
$\ln INC_u(-2)$	0.091、(-0.049)、[1.872]		-0.055、(-0.024)、[-2.349]	
$PDI(-1)$	0.143、(-0.080)、[1.789]		0.105、(-0.039)、[2.717]	
$PDI(-2)$	0.029、(-0.071)、[0.409]		0.384、(-0.034)、[11.142]	
C	1.007、(-0.387)、[2.603]		0.521、(-0.187)、[2.743]	
整体模型检验参数				
R-squared	0.879	0.350	F-statistic	726.537	53.823
Adj. R-squared	0.878	0.344	Log likelihood	-267.558	26.347
Sum sq. resids	88.951	20.762	Akaike AIC	1.349	-0.106
S.E. equation	0.472	0.228	Schwarz SC	1.399	-0.056

表 6-7 产业政策协同性与新能源汽车上游产业绩效 VAR 模型参数估计

模型的参数估计,(估计系数标准差),[t 检验统计量值]

	$lnINC_u$	PCS_{12}	PCS_{13}	PCS_{23}
$lnINC_u(-1)$	0.991, (-0.045), [21.854]	-0.006, (-0.005), [-1.216]	-0.006, (-0.005), [-1.292]	-0.005, (-0.004), [-1.436]
$lnINC_u(-2)$	-0.112, (-0.065), [-1.734]	0.004, (-0.007), [0.615]	0.007, (-0.007), [1.023]	0.003, (-0.005), [0.664]
$lnINC_u(-3)$	0.062, (-0.045), [1.400]	-0.006, (-0.005), [-1.236]	0.008, (-0.005), [-1.662]	-0.005, (-0.003), [-1.443]
$PCS_{12}(-1)$	1.425, (-0.378), [3.766]	-1.266, (-0.040), [-31.754]	-1.182, (-0.039), [-30.351]	-0.106, (-0.030), [-3.584]
$PCS_{12}(-2)$	-0.475, (-0.690), [-0.689]	2.297, (-0.073), [31.570]	2.415, (-0.071), [33.990]	2.353, (-0.054), [43.697]
$PCS_{12}(-3)$	1.378, (-0.711), [1.939]	-1.733, (-0.075), [-23.1339]	-0.049, (-0.073), [-0.666]	0.245, (-0.055), [4.418]
$PCS_{13}(-1)$	-1.559, (-0.674), [-2.312]	2.532, (-0.071), [35.644]	1.971, (-0.069), [28.410]	2.013, (-0.053), [38.277]
$PCS_{13}(-2)$	0.74, (-0.487), [1.520]	-1.423, (-0.051), [-27.724]	-1.072, (-0.050), [-21.383]	-0.203, (-0.038), [-5.344]
$PCS_{13}(-3)$	-1.133, (-0.559), [-2.027]	2.384, (-0.059), [40.454]	1.279, (-0.058), [22.236]	1.87, (-0.044), [42.884]
$PCS_{23}(-1)$	0.203, (-0.363), [0.559]	-1.078, (-0.038), [-28.211]	-0.479, (-0.037), [-12.825]	-1.403, (-0.028), [-49.611]
$PCS_{23}(-2)$	0.135, (-0.310), [0.435]	-0.905, (-0.033), [-27.713]	-0.475, (-0.032), [-14.877]	-1.412, (-0.024), [-58.368]
$PCS_{23}(-3)$	0.408, (-0.295), [1.385]	-1.448, (-0.031), [-46.634]	-1.186, (-0.030), [-39.101]	-1.937, (-0.023), [-84.239]
C	1.481, (-0.321), [4.610]	0.107, (-0.034), [3.154]	0.125, (-0.033), [3.795]	0.119, (-0.025), [4.740]

整体模型检验参数

R-squared	0.876	0.904	0.940	0.968
Adj. R-squared	0.874	0.902	0.939	0.967
Sum sq. resids	122.719	1.363	1.300	0.747
S.E. equation	0.445	0.047	0.046	0.035

F-statistic	487.771	813.309	1567.491
Log likelihood	1045.436	1060.443	1235.837
Akaike AIC	-3.262	-3.309	-3.864
Schwarz SC	-3.171	-3.218	-3.772

F-statistic	365.369
Log likelihood	-378.945
Akaike AIC	1.238
Schwarz SC	1.330

通过对不同产业政策特征与新能源汽车上游产业绩效 VAR 模型的参数估计,可进一步得到相应的 VAR 模型估计结果的表达式,如式(6-8)、式(6-9)、式(6-10)所示。通过 VAR 模型估计结果可知,产业政策综合性在滞后第 1、2、4 期对新能源汽车上游产业绩效产生正向影响,在滞后第 3 期产生负向影响。产业政策多样性在滞后的两期内均对上游产业绩效产生正向影响。产业政策协同性中,供给面政策与环境面政策的协同性在滞后第 1、3 期对上游产业绩效产生负向影响,在滞后第 2 期产生正向影响;供给面政策与需求面政策在滞后第 1、3 期对上游产业绩效产生正向影响,在滞后第 2 期产生负向影响;环境面政策与需求面政策在滞后第 1、2、3 期对上游产业绩效产生负向影响。

$$\begin{bmatrix} \ln INC_{u_t} \\ \ln PMC_t \end{bmatrix} = \begin{bmatrix} 0.875 & 0.067 \\ 0.020 & 0.916 \end{bmatrix} \begin{bmatrix} \ln INC_{u_{t-1}} \\ \ln PMC_{t-1} \end{bmatrix} + \begin{bmatrix} 0.155 & -0.116 \\ -0.022 & 0.069 \end{bmatrix} \begin{bmatrix} \ln INC_{u_{t-2}} \\ \ln PMC_{t-2} \end{bmatrix}$$

$$+ \begin{bmatrix} -0.091 & -0.269 \\ 0.046 & -0.357 \end{bmatrix} \begin{bmatrix} \ln INC_{u_{t-3}} \\ \ln PMC_{t-3} \end{bmatrix}$$

$$+ \begin{bmatrix} -0.001 & 0.317 \\ -0.045 & 0.223 \end{bmatrix} \begin{bmatrix} \ln INC_{u_{t-4}} \\ \ln PMC_{t-4} \end{bmatrix} + \begin{bmatrix} 1.621 \\ 1.207 \end{bmatrix}$$

(6-8)

$$\begin{bmatrix} \ln INC_{u_t} \\ PDI_t \end{bmatrix} = \begin{bmatrix} 0.863 & 0.143 \\ 0.053 & 0.105 \end{bmatrix} \begin{bmatrix} \ln INC_{u_{t-1}} \\ PDI_{t-1} \end{bmatrix}$$

$$+ \begin{bmatrix} 0.091 & 0.029 \\ -0.055 & 0.384 \end{bmatrix} \begin{bmatrix} \ln INC_{u_{t-2}} \\ PDI_{t-2} \end{bmatrix} + \begin{bmatrix} 1.007 \\ 0.521 \end{bmatrix} \quad (6-9)$$

$$\begin{bmatrix} \ln INC_{u_t} \\ PCS_{12_t} \\ PCS_{13_t} \\ PCS_{23_t} \end{bmatrix} = \begin{bmatrix} 0.870 & 0.683 & -0.394 & 0.000 \\ -0.002 & -1.295 & 2.563 & 2.408 \\ -0.005 & -1.217 & 2.004 & 1.307 \\ -0.005 & -0.127 & 2.304 & 1.882 \end{bmatrix} \begin{bmatrix} \ln INC_{u_{t-1}} \\ PCS_{12_{t-1}} \\ PCS_{13_{t-1}} \\ PCS_{23_{t-1}} \end{bmatrix}$$

$$+ \begin{bmatrix} 0.153 & 0.919 & -0.498 & 0.011 \\ -0.004 & 2.302 & -1.447 & 0.919 \\ 0.004 & 2.422 & -1.101 & 2.302 \\ -0.006 & 2.352 & -0.218 & 2.422 \end{bmatrix} \begin{bmatrix} \ln INC_{u_{t-2}} \\ PCS_{12_{t-2}} \\ PCS_{13_{t-2}} \\ PCS_{23_{t-2}} \end{bmatrix}$$

$$+ \begin{bmatrix} -0.085 & -0.237 & 0.000 & 0.237 \\ -0.003 & -1.186 & 2.408 & -1.444 \\ -0.007 & -0.106 & 1.307 & -1.179 \\ 0.003 & 0.213 & 1.882 & -1.935 \end{bmatrix} \begin{bmatrix} \ln INC_{u_{t-3}} \\ PCS_{12_{t-3}} \\ PCS_{13_{t-3}} \\ PCS_{23_{t-3}} \end{bmatrix} + \begin{bmatrix} 1.522 \\ 0.144 \\ 0.156 \\ 0.141 \end{bmatrix}$$

(6-10)

6.2.2 平稳性检验

完成 VAR 模型参数估计后,需要对模型的平稳性进行检验。通过检验 VAR 模型的所有特征根倒数的模型是否都小于 1 来判定模型的稳定性。通过检验不同产业政策特征与新能源汽车上游产业绩效的 VAR 模型的平稳性(具体结果见图 6-1、图 6-2、图 6-3),可知三个模型特征多项式根倒数的模均在单位圆内,表明 VAR 模型稳定。

第6章 新能源汽车产业政策特征对产业绩效滞后效果评价

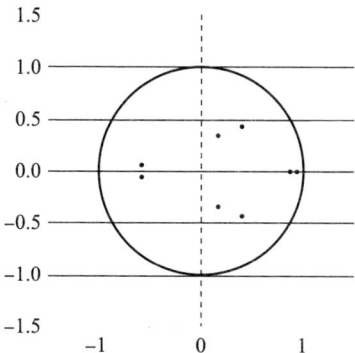

图 6-1 产业政策综合性与上游产业绩效 VAR 模型的平稳性检验结果

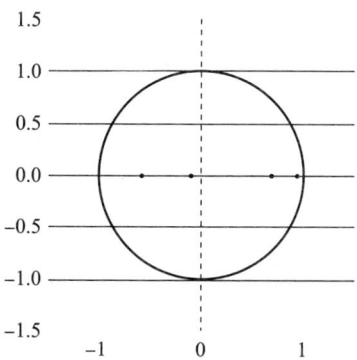

图 6-2 产业政策多样性与上游产业绩效 VAR 模型平稳性检验结果

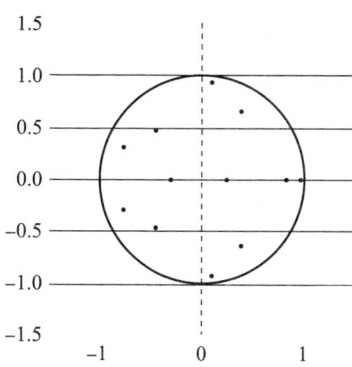

图 6-3 产业政策协同性与上游产业绩效 VAR 模型平稳性检验结果

6.3 产业政策特征与中游产业绩效的 VAR 模型

6.3.1 VAR 模型参数估计

对产业政策特征与中游产业绩效 VAR 模型的参数估计结果如表 6-8、表 6-9、表 6-10 所示。进一步得到相应的 VAR 模型估计结果的表达式,如公式(6-11)、公式(6-12)、公式(6-13)所示。通过 VAR 模型估计结果可知,产业政策综合性在滞后第 1、2、4、5 期对新能源汽车中游产业绩效产生正向影响,在滞后第 3 期产生负向影响。产业政策多样性在滞后的第 1、2 期内均对中游产业绩效产生正向影响,在滞后第 3 期产生负向影响。产业政策协同性中,供给面政策与环境面政策的协同性在滞后第 1、3 期对中游产业绩效产生负向影响,在滞后第 2 期产生正向影响;供给面政策与需求面政策在滞后第 1、3 期对中游产业绩效产生正向影响,在滞后第 2 期产生负向影响;环境面政策与需求面政策在滞后第 1、2、3 期对中游产业绩效产生负向影响。

表 6-8 产业政策综合性与新能源汽车中游产业绩效 VAR 模型参数估计结果

	$\ln INC_m$	$\ln PMC$
	模型的参数估计、(估计系数标准差)、[t 检验统计量值]	
$\ln INC_m(-1)$	0.976、(−0.051)、[19.103]	−0.036、(−0.014)、[−2.542]
$\ln INC_m(-2)$	−0.132、(−0.072)、[−1.834]	0.032、(−0.020)、[1.620]
$\ln INC_m(-3)$	0.230、(−0.073)、[3.1546]	0.010、(−0.020)、[0.511]
$\ln INC_m(-4)$	−0.242、(−0.075)、[−3.242]	0.018、(−0.021)、[0.863]
$\ln INC_m(-5)$	0.087、(−0.054)、[1.609]	−0.025、(−0.015)、[−1.687]
$\ln PMC(-1)$	0.466、(−0.156)、[2.981]	0.833、(−0.043)、[19.310]
$\ln PMC(-2)$	−0.549、(−0.189)、[−2.910]	0.193、(−0.052)、[3.699]

	$\ln INC_m$			$\ln PMC$	
	模型的参数估计、(估计系数标准差)、[t检验统计量值]				
$\ln PMC(-3)$	-0.076、(-0.156)、[-0.489]			-0.410、(-0.043)、[-9.502]	
$\ln PMC(-4)$	-0.001、(-0.155)、[-0.005]			0.164、(-0.043)、[3.822]	
$\ln PMC(-5)$	0.241、(-0.115)、[2.100]			0.055、(-0.032)、[1.744]	
C	1.466、(-0.483)、[3.033]			1.326、(-0.134)、[9.930]	
整体模型检验参数					
R-squared	0.858	0.964	F-statistic	288.062	1270.835
Adj. R-squared	0.855	0.963	Log likelihood	-320.913	305.382
Sum sq. resids	106.517	8.136	Akaike AIC	1.363	-1.209
S. E. equation	0.473	0.131	Schwarz SC	1.458	-1.114

表6-9 产业政策多样性与新能源汽车中游产业绩效 VAR 模型参数估计

	$\ln INC_m$			PDI	
	模型的参数估计、(估计系数标准差)、[t检验统计量值]				
$\ln INC_m(-1)$	0.995、(-0.044)、[22.481]			-0.049、(-0.021)、[-2.362]	
$\ln INC_m(-2)$	-0.128、(-0.063)、[-2.013]			-0.011、(-0.030)、[-0.376]	
$\ln INC_m(-3)$	0.072、(-0.043)、[1.657]			0.062、(-0.020)、[3.070]	
$PDI(-1)$	0.180、(-0.078)、[2.323]			0.182、(-0.036)、[5.014]	
$PDI(-2)$	-0.086、(-0.061)、[-1.414]			0.467、(-0.029)、[16.360]	
$PDI(-3)$	0.034、(-0.061)、[0.554]			-0.077、(-0.029)、[-2.692]	
C	1.369、(-0.320)、[4.279]			0.350、(-0.149)、[2.346]	
整体模型检验参数					
R-squared	0.873	0.407	F-statistic	719.502	71.568
Adj. R-squared	0.872	0.401	Log likelihood	-385.902	96.310
Sum sq. resids	125.446	27.338	Akaike AIC	1.241	-0.282
S. E. equation	0.448	0.209	Schwarz SC	1.291	-0.233

表 6-10 产业政策协同性与新能源汽车中游产业绩效 VAR 模型参数估计

	$\ln NC_m$	PCS_{12}	PCS_{13}	PCS_{23}
		模型的参数估计,（估计系数标准差）,［t 检验统计量值］		
$\ln NC_m(-1)$	0.991、(-0.045)、[21.854]	-0.006、(-0.005)、[-1.216]	-0.006、(-0.005)、[-1.292]	-0.005、(-0.004)、[-1.436]
$\ln NC_m(-2)$	-0.112、(-0.065)、[-1.734]	0.004、(-0.007)、[0.615]	0.007、(-0.007)、[1.023]	0.003、(-0.005)、[0.664]
$\ln NC_m(-3)$	0.062、(-0.045)、[1.400]	-0.006、(-0.005)、[-1.236]	0.008、(-0.005)、[-1.662]	-0.005、(-0.003)、[-1.443]
$PCS_{12}(-1)$	1.425、(-0.378)、[3.766]	-1.266、(-0.040)、[-31.754]	-1.182、(-0.039)、[-30.351]	-0.106、(-0.030)、[-3.584]
$PCS_{12}(-2)$	-0.475、(-0.690)、[-0.689]	2.297、(-0.073)、[31.570]	2.415、(-0.071)、[33.990]	2.353、(-0.054)、[43.697]
$PCS_{12}(-3)$	1.378、(-0.711)、[1.939]	-1.733、(-0.075)、[-23.1339]	-0.049、(-0.073)、[-0.666]	0.245、(-0.055)、[4.418]
$PCS_{13}(-1)$	-1.559、(-0.674)、[-2.312]	2.532、(-0.071)、[35.644]	1.971、(-0.069)、[28.410]	2.013、(-0.053)、[38.277]
$PCS_{13}(-2)$	0.74、(-0.487)、[1.520]	-1.423、(-0.051)、[-27.724]	-1.072、(-0.050)、[-21.383]	-0.203、(-0.038)、[-5.344]
$PCS_{13}(-3)$	-1.133、(-0.559)、[-2.027]	2.384、(-0.059)、[40.454]	1.279、(-0.058)、[22.236]	1.87、(-0.044)、[42.884]
$PCS_{23}(-1)$	0.203、(-0.363)、[0.559]	-1.078、(-0.038)、[-28.211]	-0.479、(-0.037)、[-12.825]	-1.403、(-0.028)、[-49.611]
$PCS_{23}(-2)$	0.135、(-0.310)、[0.435]	-0.905、(-0.033)、[-27.713]	-0.475、(-0.032)、[-14.877]	-1.412、(-0.024)、[-58.368]
$PCS_{23}(-3)$	0.408、(-0.295)、[1.385]	-1.448、(-0.031)、[-46.634]	-1.186、(-0.030)、[-39.101]	-1.937、(-0.023)、[-84.239]
C	1.481、(-0.321)、[4.610]	0.107、(-0.034)、[3.154]	0.125、(-0.033)、[3.795]	0.119、(-0.025)、[4.740]
	整体模型检验参数			
R-squared	0.876	0.904	0.940	0.968	0.967	487.771	813.309	1567.491
Adj. R-squared	0.874	0.902	0.939	0.967	F-statistic	487.771	1045.436	1060.443	1235.837
Sum sq. resids	122.719	1.363	1.300	0.747	Log likelihood	-378.945	-3.262	-3.309	-3.864
S.E. equation	0.445	0.047	0.046	0.035	Akaike AIC	1.238			
					Schwarz SC	1.330	-3.171	-3.218	-3.772

$$\begin{bmatrix} \ln INC_{m_t} \\ \ln PMC_t \end{bmatrix} = \begin{bmatrix} 0.976 & 0.466 \\ -0.036 & 0.833 \end{bmatrix} \begin{bmatrix} \ln INC_{m_{t-1}} \\ \ln PMC_{t-1} \end{bmatrix} + \begin{bmatrix} -0.132 & -0.549 \\ 0.032 & 0.193 \end{bmatrix} \begin{bmatrix} \ln INC_{m_{t-2}} \\ \ln PMC_{t-2} \end{bmatrix}$$

$$+ \begin{bmatrix} 0.230 & -0.076 \\ 0.010 & -0.410 \end{bmatrix} \begin{bmatrix} \ln INC_{m_{t-3}} \\ \ln PMC_{t-3} \end{bmatrix} + \begin{bmatrix} -0.242 & -0.001 \\ 0.018 & 0.164 \end{bmatrix} \begin{bmatrix} \ln INC_{m_{t-4}} \\ \ln PMC_{t-4} \end{bmatrix}$$

$$+ \begin{bmatrix} 0.087 & 0.241 \\ -0.025 & 0.055 \end{bmatrix} \begin{bmatrix} \ln INC_{m_{t-5}} \\ \ln PMC_{t-5} \end{bmatrix} + \begin{bmatrix} 1.466 \\ 1.362 \end{bmatrix}$$

(6-11)

$$\begin{bmatrix} \ln INC_{m_t} \\ PDI_t \end{bmatrix} = \begin{bmatrix} 0.995 & 0.180 \\ -0.049 & 0.182 \end{bmatrix} \begin{bmatrix} \ln INC_{m_{t-1}} \\ PDI_{t-1} \end{bmatrix} + \begin{bmatrix} -0.128 & -0.086 \\ -0.011 & 0.467 \end{bmatrix} \begin{bmatrix} \ln INC_{m_{t-2}} \\ PDI_{t-2} \end{bmatrix}$$

$$+ \begin{bmatrix} 0.072 & 0.034 \\ 0.062 & -0.077 \end{bmatrix} \begin{bmatrix} \ln INC_{m_{t-3}} \\ PDI_{t-3} \end{bmatrix} + \begin{bmatrix} 1.369 \\ 0.350 \end{bmatrix}$$

(6-12)

$$\begin{bmatrix} \ln INC_{m_t} \\ PCS_{12_t} \\ PCS_{13_t} \\ PCS_{23_t} \end{bmatrix} = \begin{bmatrix} 0.991 & 1.425 & -1.559 & 0.203 \\ -0.006 & -1.266 & 2.253 & -1.078 \\ -0.006 & -1.182 & 1.971 & -0.479 \\ -0.005 & -0.106 & 2.013 & -1.403 \end{bmatrix} \begin{bmatrix} \ln INC_{m_{t-1}} \\ PCS_{12_{t-1}} \\ PCS_{13_{t-1}} \\ PCS_{23_{t-1}} \end{bmatrix}$$

$$+ \begin{bmatrix} -0.112 & -0.475 & 0.740 & 0.135 \\ 0.004 & 2.297 & -1.423 & -0.905 \\ 0.007 & 2.415 & -1.072 & -0.475 \\ 0.003 & 2.353 & -0.203 & -1.412 \end{bmatrix} \begin{bmatrix} \ln INC_{m_{t-2}} \\ PCS_{12_{t-2}} \\ PCS_{13_{t-2}} \\ PCS_{23_{t-2}} \end{bmatrix}$$

$$+ \begin{bmatrix} 0.062 & 1.378 & -1.133 & 0.408 \\ -0.006 & -1.733 & 2.384 & -1.448 \\ -0.008 & -0.049 & 1.279 & -1.186 \\ -0.005 & 0.245 & 1.870 & -1.937 \end{bmatrix} \begin{bmatrix} \ln INC_{m_{t-3}} \\ PCS_{12_{t-3}} \\ PCS_{13_{t-3}} \\ PCS_{23_{t-3}} \end{bmatrix} + \begin{bmatrix} 1.481 \\ 0.107 \\ 0.125 \\ 0.119 \end{bmatrix}$$

(6-13)

6.3.2 平稳性检验

通过检验不同产业政策特征与新能源汽车中游产业绩效的 VAR 模型的平稳性(具体结果如图 6-4、图 6-5、图 6-6),可知三个模型特征多项式根倒数的模均在单位圆内,表明 VAR 模型稳定。

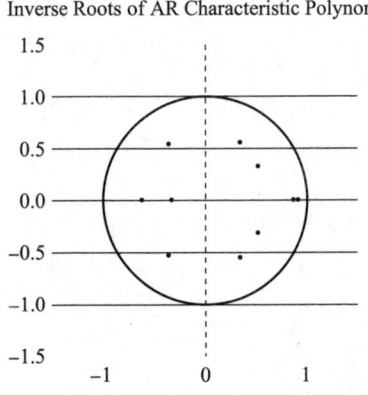

图 6-4　产业政策综合性与中游产业绩效 VAR 模型平稳性检验结果

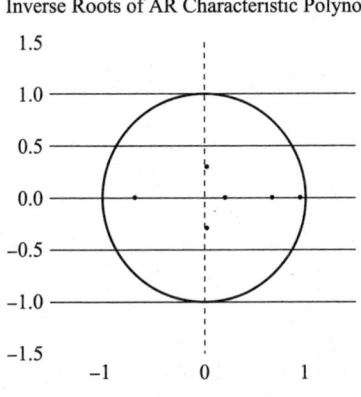

图 6-5　产业政策多样性与中游产业绩效 VAR 模型平稳性检验结果

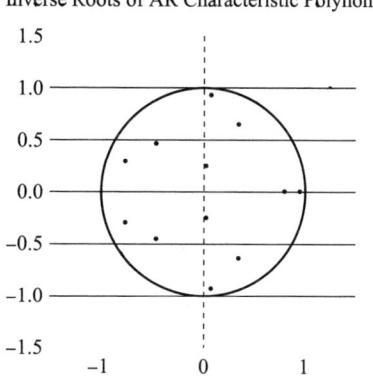

图6-6 产业政策协同性与中游产业绩效VAR模型平稳性检验结果

6.4 产业政策特征与下游产业绩效的VAR模型

6.4.1 VAR模型参数估计

对产业政策特征与下游产业绩效VAR模型的参数估计结果如表6-11、表6-12、表6-13所示。进一步得到相应的VAR模型估计结果的表达式,如式(6-14)、式(6-15)、式(6-16)所示。通过VAR模型估计结果可知,产业政策综合性在滞后第1、2、4、5期对新能源汽车下游产业绩效产生正向影响,在滞后第3期产生负向影响。产业政策多样性在滞后的第1、2期内对下游产业绩效产生正向影响,在滞后第3期产生负向影响。产业政策协同性中,供给面政策与环境面政策的协同性在滞后第1、2、3期对下游产业绩效产生负向影响;供给面政策与需求面政策在滞后第1、3期对下游产业绩效产生正向影响,在滞后第2期产生负向影响;环境面政策与需求面政策在滞后第1、2、3期对下游产业绩效产生负向影响。

表 6-11 产业政策综合性与新能源汽车下游产业绩效 VAR 模型参数估计

	$\ln INC_d$		$\ln PMC$	
	模型的参数估计、(估计系数标准差)、[t 检验统计量值]			
$\ln INC_d(-1)$	1.388、(-0.069)、[20.196]		-0.027、(-0.023)、[-1.160]	
$\ln INC_d(-2)$	-0.6、(-0.113)、[-5.291]		-0.004、(-0.039)、[-0.097]	
$\ln INC_d(-3)$	-0.03、(-0.125)、[-0.237]		0.056、(-0.043)、[1.317]	
$\ln INC_d(-4)$	0.107、(-0.102)、[1.049]		0.027、(-0.035)、[0.788]	
$\ln INC_d(-5)$	0.105、(-0.053)、[1.983]		-0.056、(-0.018)、[-3.085]	
$\ln PMC(-1)$	0.028、(-0.151)、[0.187]		0.839、(-0.051)、[16.383]	
$\ln PMC(-2)$	-0.165、(-0.181)、[-0.911]		0.192、(-0.061)、[3.126]	
$\ln PMC(-3)$	0.056、(-0.149)、[0.376]		-0.446、(-0.051)、[-8.809]	
$\ln PMC(-4)$	0.073、(-0.155)、[0.467]		0.156、(-0.053)、[2.960]	
$\ln PMC(-5)$	-0.016、(-0.115)、[-0.140]		0.092、(-0.039)、[2.354]	
C	0.992、(-0.378)、[2.626]		1.4、(-0.128)、[10.915]	
整体模型检验参数				
R-squared	0.950	0.964	F-statistic	662.039	948.550
Adj. R-squared	0.948	0.963	Log likelihood	-183.579	206.384
Sum sq. resids	58.443	6.737	Akaike AIC	1.078	-1.082
S. E. equation	0.409	0.139	Schwarz SC	1.196	-0.964

表 6-12 产业政策多样性与新能源汽车下游产业绩效 VAR 模型参数估计

	$\ln INC_u$		PDI	
	模型的参数估计、(估计系数标准差)、[t 检验统计量值]			
$\ln INC_d(-1)$	1.365、(-0.060)、[22.774]		-0.04、(-0.033)、[-1.194]	
$\ln INC_d(-2)$	-0.48、(-0.081)、[-5.932]		0.027、(-0.045)、[0.612]	
$\ln INC_d(-3)$	0.085、(-0.048)、[1.779]		0.014、(-0.026)、[0.533]	
$PDI(-1)$	0.023、(-0.078)、[0.293]		0.181、(-0.043)、[4.199]	
$PDI(-2)$	-0.054、(-0.060)、[-0.902]		0.528、(-0.033)、[15.879]	
$PDI(-3)$	-0.012、(-0.061)、[-0.202]		-0.092、(-0.034)、[-2.687]	
C	0.781、(-0.234)、[3.336]		0.301、(-0.130)、[2.314]	
整体模型检验参数				
R-squared	0.951	0.449	F-statistic	1468.701	61.306
Adj. R-squared	0.951	0.441	Log likelihood	-225.251	44.433
Sum sq. resids	71.712	22.144	Akaike AIC	1.012	-0.163
S. E. equation	0.398	0.221	Schwarz SC	1.075	-0.100

第6章 新能源汽车产业政策特征对产业绩效滞后效果评价

表6-13 产业政策协同性与新能源汽车下游产业绩效VAR模型参数估计

	$lnINC_u$	PCS_{12}	PCS_{13}	PCS_{23}
		模型的参数估计、(估计系数标准差)、[t检验统计量值]		
$lnINC_d(-1)$	1.39、(-0.061)、[22.960]	0.001、(-0.002)、[0.116]	-0.002、(-0.008)、[-0.243]	0.003、(-0.006)、[0.575]
$lnINC_d(-2)$	-0.496、(-0.082)、[-6.081]	0.008、(-0.011)、[0.747]	0.011、(-0.010)、[1.024]	0、(-0.008)、[0.000]
$lnINC_d(-3)$	0.075、(-0.048)、[1.552]	-0.011、(-0.006)、[-1.781]	-0.011、(-0.006)、[-1.781]	-0.005、(-0.005)、[-1.130]
$PCS_{12}(-1)$	0.594、(-0.382)、[1.555]	-1.211、(-0.050)、[-24.394]	-1.121、(-0.048)、[-23.144]	-0.077、(-0.037)、[-2.074]
$PCS_{12}(-2)$	1.277、(-0.676)、[1.891]	2.19、(-0.088)、[24.955]	2.305、(-0.086)、[26.935]	2.291、(-0.065)、[35.034]
$PCS_{12}(-3)$	-1.04、(-0.705)、[-1.474]	-1.641、(-0.092)、[-17.907]	0.053、(-0.089)、[0.596]	0.295、(-0.068)、[4.315]
$PCS_{13}(-1)$	0.738、(-0.659)、[1.120]	2.417、(-0.086)、[28.245]	1.85、(-0.083)、[22.169]	1.951、(-0.064)、[30.579]
$PCS_{13}(-2)$	-0.748、(-0.481)、[-1.554]	-1.349、(-0.063)、[-21.575]	-0.993、(-0.061)、[-16.288]	-0.163、(-0.047)、[-3.503]
$PCS_{13}(-3)$	0.819、(-0.551)、[1.487]	2.303、(-0.072)、[32.189]	1.193、(-0.070)、[17.096]	1.827、(-0.053)、[34.253]
$PCS_{23}(-1)$	-0.638、(-0.361)、[-1.771]	-1.032、(-0.047)、[-22.044]	-0.433、(-0.046)、[-9.482]	-1.376、(-0.035)、[-39.426]
$PCS_{23}(-2)$	-0.38、(-0.312)、[-1.219]	-0.867、(-0.041)、[-21.403]	-0.435、(-0.040)、[-10.999]	-1.39、(-0.030)、[-46.026]
$PCS_{23}(-3)$	-0.153、(-0.302)、[-0.505]	-1.422、(-0.039)、[-36.258]	-1.158、(-0.038)、[-30.278]	-1.925、(-0.029)、[-65.847]
C	0.767、(-0.229)、[3.355]	0.003、(-0.030)、[0.117]	0.032、(-0.029)、[1.089]	0.02、(-0.022)、[0.902]
整体模型检验参数				
R-squared	0.953	0.885	0.930	0.960	747.800
Adj. R-squared	0.951	0.882	0.928	0.959	F-statistic	285.624	491.024	890.784
Sum sq. resids	69.593	1.174	1.117	0.652	Log likelihood	-218.367	718.495	730.000	853.415
S.E. equation	0.395	0.051	0.050	0.038	Akaike AIC	1.008	-3.074	-3.124	-3.662
					Schwarz SC	1.125	-2.957	-3.007	-3.545

$$\begin{bmatrix} \ln INC_{d_t} \\ \ln PMC_t \end{bmatrix} = \begin{bmatrix} 1.388 & 0.028 \\ -0.027 & 0.839 \end{bmatrix} \begin{bmatrix} \ln INC_{d_{t-1}} \\ \ln PMC_{t-1} \end{bmatrix} + \begin{bmatrix} -0.600 & -0.165 \\ -0.004 & 0.192 \end{bmatrix} \begin{bmatrix} \ln INC_{d_{t-2}} \\ \ln PMC_{t-2} \end{bmatrix}$$

$$+ \begin{bmatrix} -0.030 & 0.056 \\ 0.056 & 0.446 \end{bmatrix} \begin{bmatrix} \ln INC_{d_{t-3}} \\ \ln PMC_{t-3} \end{bmatrix} + \begin{bmatrix} 0.107 & 0.073 \\ 0.027 & 0.156 \end{bmatrix} \begin{bmatrix} \ln INC_{d_{t-4}} \\ \ln PMC_{t-4} \end{bmatrix}$$

$$+ \begin{bmatrix} 0.105 & -0.016 \\ -0.056 & 0.092 \end{bmatrix} \begin{bmatrix} \ln INC_{d_{t-5}} \\ \ln PMC_{t-5} \end{bmatrix} + \begin{bmatrix} 0.992 \\ 1.400 \end{bmatrix}$$

(6-14)

$$\begin{bmatrix} \ln INC_{d_t} \\ PDI_t \end{bmatrix} = \begin{bmatrix} 1.365 & 0.023 \\ -0.040 & 0.181 \end{bmatrix} \begin{bmatrix} \ln INC_{d_{t-1}} \\ PDI_{t-1} \end{bmatrix} + \begin{bmatrix} -0.480 & -0.054 \\ 0.027 & 0.528 \end{bmatrix} \begin{bmatrix} \ln INC_{d_{t-2}} \\ PDI_{t-2} \end{bmatrix}$$

$$+ \begin{bmatrix} 0.085 & -0.012 \\ 0.014 & -0.092 \end{bmatrix} \begin{bmatrix} \ln INC_{d_{t-3}} \\ PDI_{t-3} \end{bmatrix} + \begin{bmatrix} 0.781 \\ 0.301 \end{bmatrix}$$

(6-15)

$$\begin{bmatrix} \ln INC_{d_t} \\ PCS_{12_t} \\ PCS_{13_t} \\ PCS_{23_t} \end{bmatrix} = \begin{bmatrix} 1.390 & 0.594 & 0.738 & -0.638 \\ 0.001 & -1.211 & 2.417 & -1.032 \\ -0.002 & -1.121 & 1.850 & -0.433 \\ 0.003 & -0.077 & 1.951 & -1.376 \end{bmatrix} \begin{bmatrix} \ln INC_{d_{t-1}} \\ PCS_{12_{t-1}} \\ PCS_{13_{t-1}} \\ PCS_{23_{t-1}} \end{bmatrix}$$

$$+ \begin{bmatrix} -0.496 & -0.676 & -0.748 & -0.380 \\ 0.008 & -0.088 & -1.349 & -0.867 \\ 0.011 & -0.086 & -0.993 & -0.435 \\ 0.000 & -0.065 & -0.163 & -1.390 \end{bmatrix} \begin{bmatrix} \ln INC_{d_{t-2}} \\ PCS_{12_{t-2}} \\ PCS_{13_{t-2}} \\ PCS_{23_{t-2}} \end{bmatrix}$$

$$+ \begin{bmatrix} 0.075 & -1.040 & 0.819 & -0.153 \\ -0.011 & -1.641 & 2.303 & -1.422 \\ -0.011 & -0.053 & 1.193 & -1.158 \\ -0.005 & 0.295 & 1.827 & -1.925 \end{bmatrix} \begin{bmatrix} \ln INC_{d_{t-3}} \\ PCS_{12_{t-3}} \\ PCS_{13_{t-3}} \\ PCS_{23_{t-3}} \end{bmatrix} + \begin{bmatrix} 1.481 \\ 0.107 \\ 0.125 \\ 0.119 \end{bmatrix}$$

(6-16)

6.4.2 平稳性检验

通过检验产业政策综合性、产业政策多样性以及产业政策协同性与新能源汽车下游产业绩效的 VAR 模型的平稳性(具体结果见图 6-7、图 6-8、图 6-9),可知三个模型特征多项式根倒数的模均在单位圆内,表明 VAR 模型稳定。

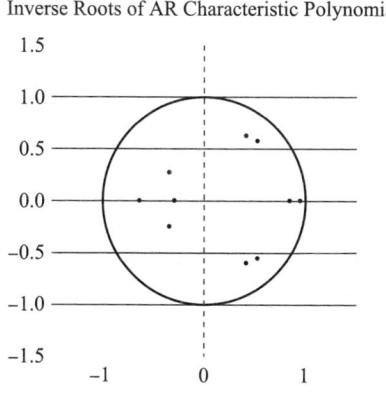

图 6-7　产业政策综合性与下游产业绩效 VAR 模型平稳性检验结果

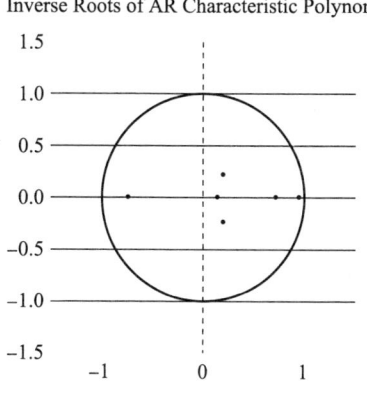

图 6-8　产业政策多样性与下游产业绩效 VAR 模型平稳性检验结果

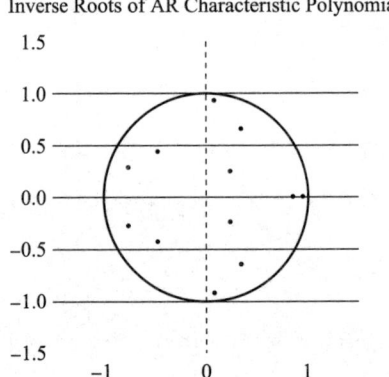

图 6-9 产业政策协同性与下游产业绩效 VAR 模型平稳性检验结果

6.5 本章小结

本章内容主要运用 VAR 模型分析不同新能源汽车产业政策特征对新能源汽车上、中、下游产业绩效的滞后效果。研究结果表明不同产业政策特征对新能源汽车产业绩效的滞后影响是有所差异的；其中，产业政策综合性对新能源汽车上、中、下游产业绩效影响的滞后阶数分别为 4 期、5 期、5 期，产业政策多样性对新能源汽车上、中、下游产业绩效影响的滞后阶数分别为 2 期、3 期、3 期，而产业政策协同性对新能源汽车上、中、下游产业绩效影响的滞后阶数均为 3 期。此外，本研究通过构建 VAR 模型，测算出不同产业政策特征对产业绩效滞后影响的量化表达，能够更加直观地观察到政策特征对上、中、下游产业绩效的动态影响过程。

第7章

基于公众感知的新能源汽车产业政策效果评价

本书第 5 章和第 6 章是依据经济数据对新能源汽车产业政策效果进行评价,即产业政策对产业自身经济的影响,并由此完善产业政策。本章将从公众感知角度,运用文本挖掘和情感分析法,分析新能源汽车产业政策实施后,公众(消费者)的感知和评价,并据此进一步完善产业政策。

7.1 研究问题的提出

2017 年 6 月国务院法制办在《重大行政决策程序暂行条例(征求意见稿)》的说明中指出,"我国重大行政决策实践中存在决策尊重客观规律不够、听取群众意见不充分等问题,希望能够通过公开征求意见推进行政决策科学化、民主化、法治化,提高决策质量,增强社会对重大行政决策的理解和支持"[249]。国家层面越来越重视在政策制定过程中听取群众意见,在政策执行过程中获得群众的支持。而产业政策作为创新政策的重要组成部分,是国家促进战略性新兴产业发展的重要手段,其受众不仅包括科研院所、企业,还包括公众。公众对于产业政策的理解和支持,对于产业政策的执行效率具有重要的影响。然而,了解公众是否理解、支持产业政策以及对产业政策的评价,则需要分析公众对产业政策的感知,即公众对产业政策的认知和评价,包括公众对产业政策的关注内容、关注程度,对产业政策合理性、必要性的评价和情感态度等。探究产业政策的公众感知,不仅可以作为政策决策科学化、民主化的重要环节，也是产业政策制定和完善的重要参考依据。

目前有关政策公众感知的研究，还比较匮乏。尽管已有学者对政策感知对于企业政策响应行为的影响[252]、政策感知在创业企业突破成长瓶颈中的作用，以及政策感知在企业创新意愿转化为创新行为过程中的作用进行过分析，但其研究的视角主要是从企业层面展开。而对于公众的政策感知，虽然已有学者开始关注，但主要是基于调查问卷分析特定人群对特定政策的了解程度、对政策的评价和期望，如大学生对于科技创业支持政策的感知研究和高校科技工作者的政策感知水平研究等[255,256]。对产业政策公众感知的研究是少有开展但值得重点关注的研究方向，而目前研究主要存在以下不足：有关政策感知的研究中分析对象和内容过于单一，仅对特定人群的政策了解程度和评价进行分析，未涉及公众对产业政策的感知特征、感知内容、关注程度，以及对产业政策合理性、必要性的评价和情感态度分析；在使用数据方面，以往的研究主要是基于调查问卷获得的数据进行分析，未涉及对网络信息的使用。基于此，本章尝试提出基于网络信息挖掘的产业政策公众感知分析框架，以系统、准确把握公众对产业政策的感知状态，为进一步完善产业政策制定和实施提供依据。

7.2 研究方法与研究框架

7.2.1 研究方法

本书的研究方法是基于网络信息的公众感知挖掘方法，之所以采用这种方法，主要原因是，网络媒体的受众范围广，具有开放性、便利性、低成本性和高效传播性等特点[257]。与问卷调查存在样本量和调研内容有限等问题相比，能够在更大范围内反映公众的观点、态度和情绪。通过对网络信息的挖掘探究公众对产业政策的感知，需要解决两个主要问题：一是如何获取相关的网络信息；二是如何通过对网络信息的挖掘刻画产业政策的公众感知。研究方法的具体应用过程如下：首先，采用聚焦爬虫的方法获取产业政策公众感知的网络信息[258]；其次，分析产业政策公众感知的主客体一般特征，使用描述性统计分析了解感知主体特征，运用语义网络分析和文本聚类探究感知客体（话题结构和话题类型）特征[259,260]；最后，利用文本特征词权重测度模型、变异系数加权法以及情感分析识别出公众感知的重要话题，进而分析重要话题的关注度分布和公众对重要热点话题的情感态度。通过对产业政策公众感知的主客体特征分析、感知重要话题识别、重要话题关注度分布及情感态度分析，对产业政策公众感知进行全面系统的分析。

7.2.2 研究框架及分析过程

本章研究框架的构建是基于公众参与理论、数据科学研究理论和公众感知本原理论。公众参与理论在前文已有介绍，不再累述。数据科学研究理论是指，随着信息技术的发展，科学研究中的数据分析和管理受到大数据的挑战，科学研究的范式已从经验范式—理论范式—模拟范式发展到第四范式[264]，即数据科学研究。随着数据量急速增长，数据多样性程度的提升使得社会科学研究的实证基础将会出现重大变化[265]。数据科学的出现使得科学研究以数据为中心、以数据为驱动的特征越来越突出[266]。同时，数据科学改变传统假设驱动的研究方法，转向基于科学的数据挖掘的研究方法[267]。通过对数据的收集和挖掘揭示科学研究问题的本质和规律，受到了越来越多的关注，不仅工程技术科学研究领域如此，政策领域研究者也开始关注对数据进行分析与应用，即将数据科学研究与政策研究相结合。有学者认为将数据科学研究应用到政策研究有助于制定更为精准有效的政策。虽然，越来越多的政策研究者意识到使用数据的重要性，但有关如何通过数据的分析支撑政策应用的研究还比较匮乏。基于此，本章基于数据科学研究理论，探究如何通过对网络信息的挖掘分析产业政策的公众感知，为政策制定和完善提供支撑。

研究框架的第三个理论支撑是公众感知本原理论，即公众感知的本原由认知、情感和行为构成[274]。具体而言，公众感知是指公众对公共事务或政策的认知信息进一步的情绪化处理以及向后续行为意向转化的过程[274]。公众感知本原理论揭示了公众感知的具体构成，为产业政策公众感知研究提供了方向。国外学者将公众感知理解为公众对具体事件、问题、技术以及政策的了解程度、态度和观点，由于本研究的侧重点是探究如何通过网络信息的挖掘分析产业政策的公众感知，故本章结合公众感知本原理论和国外学者的研究，将公众感知的范畴限定在公众对于产业政策话题的了解和情感态度，而公众感知后续行为意向转化可作为后续研究的方向。

本章所提出的研究框架是基于公众参与理论、数据科学研究理论和公众感知本原理论，结合文本信息挖掘的流程和政策感知研究的特点，将具体的分析过程和分析内容通过流程图的方式呈现出来。研究框架的构建主要沿"网络信息的获取—网络信息的处理—网络信息的挖掘"展开。网络信息的获取是在明确研究对象后，选择合适的网络媒介，通过爬虫工具获得所需的网络信息，即解决如何获取与产业政策公众感知相关的网络信息。网络信息的处理包括信息预处理和信息筛选。信息预处理主要是对文本信息进行分词、去停用词、词性标注等。信息筛选则主要是找到与新能源汽车产业政策公众感知密切相关的网络信息，结合自然语言处理中信息筛选的思路和政策研究的特点[281,282]，本研究提出两种信息筛选的思路：①直接筛选出与"新能源汽车产业政策"强相关的话题，可使用关键词匹配筛选[283]，或基于本体语义方法[284,285]，通过构建新能源汽车产业政策本体模型、政策领域词典和政策公众感知知识库筛选；此外，还可以利用机器学习的方法，通过支持向量机（SVM）、朴素贝叶斯（Naïve Bayes）、概率时空模型等分类器构建信息提取算法，筛选出新能源汽车产业政策公众感知的信息。②由于新能源汽车产业政策涉及诸多方面，仅通过与政策相关的词汇筛选信息，则有可能遗漏虽未涉及政策词汇但涉及具体政策内容的信息。因此，将词汇筛选和内容筛选结合起来，能获得较为全面的有关新能源汽车产业政策公众感知的网络信息。

  网络信息的挖掘则是围绕新能源汽车产业政策公众感知刻画而展开，由于尚未有学者通过网络信息挖掘分析产业政策公众感知，本研究结合以往学者对政策感知的理解、公众感知本原理论以及公众感知相关研究，认为可以从感知主客体特征分析、公众感知重要话题识别、重要感知话题关注度分度以及重要热点感知话题情感倾向等方面对产业政策公众感知进行全面分析。通过对感知主体特征的分析，可以了解关注新能源汽车产业政策的人群特征（包括性别、年龄、教育背景、从事的职业等），对感知客体特征分析则是了解公众关注的政策内容结构和类型。通过对感知重要话题的识别、关注度分析以及情感分析，可以了解公众最为关心的政策话题以及对相应政策的情感态度，进而为政策的制定和完善提供依据。本书对于新能源汽车产业政策公众感知的刻画，也是基于人们认识事物的一般规律，由感知主客体特征的分析到感知重要话题识别、关注度分析及情感倾向分析，即是对公众政策感知由表及里、由浅入深的分析过程。要强调的是，既然对新能源汽车产业政策公众感知分析的最终目的是完善政策，那么了解公众关注的重要政策话题及情感倾向，就是十分有必要的。具体研究框架如图7-1所示。

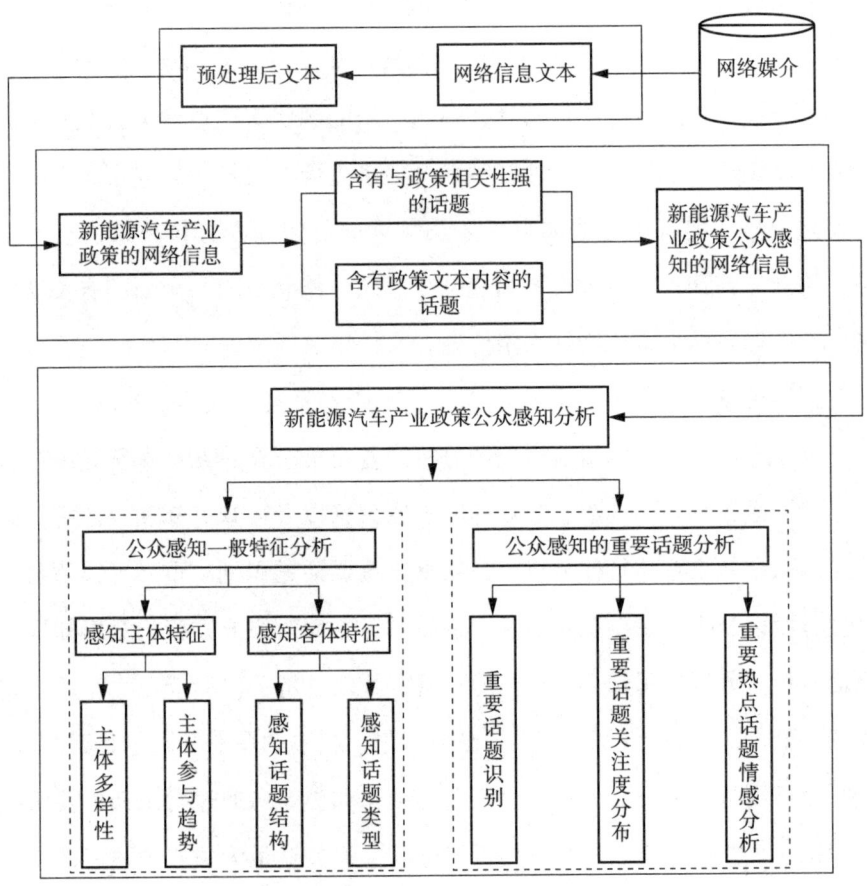

图 7-1　基于网络信息挖掘的新能源汽车产业政策公众感知研究框架

7.3　新能源汽车产业政策公众感知分析

7.3.1　网络信息数据的获取

确立研究对象后,需要选择合适的网络媒介获取网络信息。对比百度贴吧、新浪微博、电动汽车论坛、知乎等网站上有关新能源汽车话题的公众参与、话题质量与话题互动情况之后,本研究最终选取知乎网站中有关新能源汽车话题(包括新能源汽车、电动汽车、燃料电池汽车、混合动力汽车等子话题)内容作为研究的数据来源。知乎网站是目前国内互联网最受欢迎的知识型问答社区,且问答的互动和问答的质量相对较高[289]。截至 2018 年 3 月 10 日,知乎网站上关于新能源汽车话题有 53650 人关注,涉及 7826 个话题。利用 Python 爬取所有话题,对爬取的话题进行清洗,去除与主题不相关及重复话题,最终得到有效话题 6182 个。

如何从新能源汽车话题中筛选出与政策相关的话题是保证后续研究全面、准确的重要前提。本研究基于研究框架提出的思路和新能源汽车产业政策的特点采用以下两种方法来筛选信息:①利用关键词匹配法直接筛选出含有与政策密切相关词汇的话题,与政策密切相关的词汇包括"政策""中国""国家""我国""政府""国务院""财政部""工信部"等;②通过对中央及地方级新能源汽车产业政策文本内容的分析,筛选出涉及新能源汽车产业政策内容的话题,政策内容包括"补贴""补助""双积分""财政""购置税""车船税""示范""试点""推广""发展规划""生产准入""充电基础设施""充电桩""用电""分时租赁""投资"等。虽然通过上述两种方法能筛选出较为全面的新能源汽车产业政策相关的公众感知信息,但仍存在不相关信息,在咨询专家意见的基础上,为保证信息的准确性,对通过用上述两种方法筛选出的 712 个话题进行人工甄别,最终得到有效话题 485 个。

7.3.2 新能源汽车产业政策公众感知的一般特征分析

公众感知的一般特征包括感知主体特征和感知客体特征,感知主体即公众,感知客体为新能源汽车产业政策。感知主体的特征包括主体的性别、年龄、职业和教育背景等;感知客体的特征则包括感知话题结构、感知话题类型等。本部分内容从感知主体多样性和主体参与话题趋势分析、感知话题语义网络结构以及感知话题类型来分析新能源汽车产业政策公众感知的一般特征。

7.3.2.1 感知主体特征

感知主体的多样性分析。通过对用户名字段的分析可知,新能源汽车产业政策感知的个人账号比例为89.90%,企业账号比例为1.03%,匿名提问者的比例为9.07%。个人账号的比重高,在一定程度上确保了观点的多样性。同时,采用知乎用户的个人资料来了解参与主体的背景资料,包括用户名、性别、学历以及所处的行业(无法找到年龄信息)。政策感知主体特征如表7-1所示。

表7-1 新能源汽车产业政策感知主体特征

类别	项目	占比
性别	男	57.11%
	女	12.58%
	未标明	30.31%
教育程度	研究生及以上	1.24%
	本科	17.32%
	专科	0.21%
	高中及以下	0.41%
	未标明	80.82%
所处行业	互联网	11.96%
	汽车行业	9.28%
	高新技术业	5.98%
	金融业	4.12%
	教育业	4.12%
	未标明	48.25%

新能源汽车产业政策感知主体中,男性比例为57.11%,女性比例为12.58%,无法得知性别的为30.31%(包括匿名提问者和未标明性别的用户)。统计感知主体的受教育程度情况,发现80.82%的感知主体未标明受教育程度,而标明受教育情况的感知主体学历以本科为主。对感知主体所处行业分析,48.25%的主体未标明所处行业,在标明所处行业的主体中,

占比前五位的行业分别是互联网、汽车行业(包括传统汽车和新能源汽车)、高新技术、金融和教育行业。

公众参与话题趋势分析。通过对话题数量、关注人数、回答数量以及被浏览次数进行时序分析,可以了解公众参与度趋势:如图7-2所示,有关新能源汽车产业政策的话题数量总体呈上升趋势,特别是在2013—2017年相关的话题数量增长趋势明显,话题的回答数、关注人数以及被浏览次数略有波动,话题的回答率为65.97%,每个话题的平均关注人数为32人,平均被浏览次数为5316次,表明随着国家新能源汽车推广力度的加大,公众对于新能源汽车产业政策的关注也日益增加。

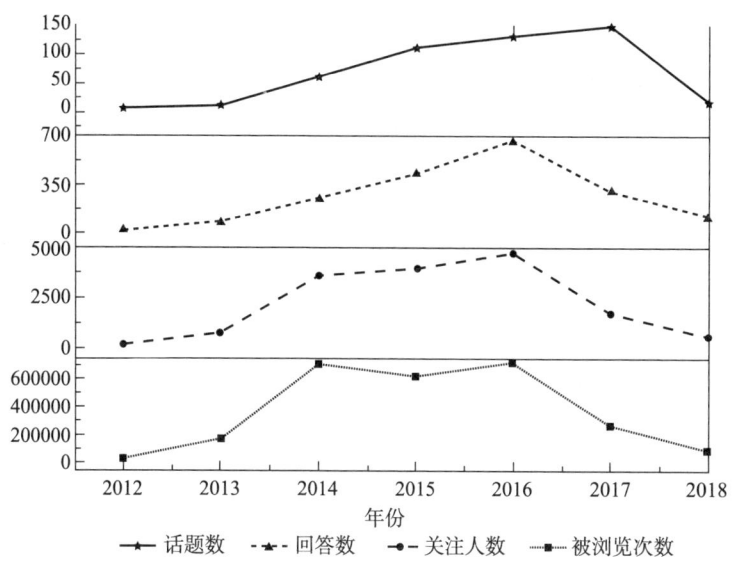

图7-2 公众参与新能源汽车产业政策话题讨论趋势

7.3.2.2 公众感知话题的语义网络分析

对新能源汽车产业政策话题进行语义网络分析,可以从整体上了解感知主体在讨论感知客体时的语义结构。将新能源汽车产业政策相关的网络信息文本输入ROST Content Mining6软件中,剔除部分无意义词条,保留共现高频词,生成语义网络图(见图7-3)并分析高频词的点度中心性。语义网络图中,节点大小用点度中心性测度,来表示语义网络图中节点的重要性。节点越大,表示该部分内容在整个语义网络中的中心性越强,与之联结的节点越多。

点度中心性分析结果表明,在新能源汽车产业政策语义网络图中,新能源汽车(NrmDegree = 18.016)、电动汽车(NrmDegree = 13.969)、补贴(NrmDegree = 12.694)、发展(NrmDegree = 9.202)、政策(NrmDegree = 8.149)、技术(NrmDegree = 7.927)、充电(NrmDegree = 6.098)等词汇的相对点度中心性较高,与这些词紧密相连的词有充电桩、电池、未来、享受等。公众感知话题语义网络结构表明公众感知的新能源汽车产业政策话题主要有新能源汽车补贴政策及享受补贴的途径、新能源汽车技术发展、新能源汽车电池充电续航以及充电基础设施建设等。这表明政府推广新能源汽车,除了运用补贴优惠政策刺激公众需求外,还要注重对新能源汽车技术研发的支持,促进电池技术的发展,提高电池综合性能,进而提高公众的购买意愿。

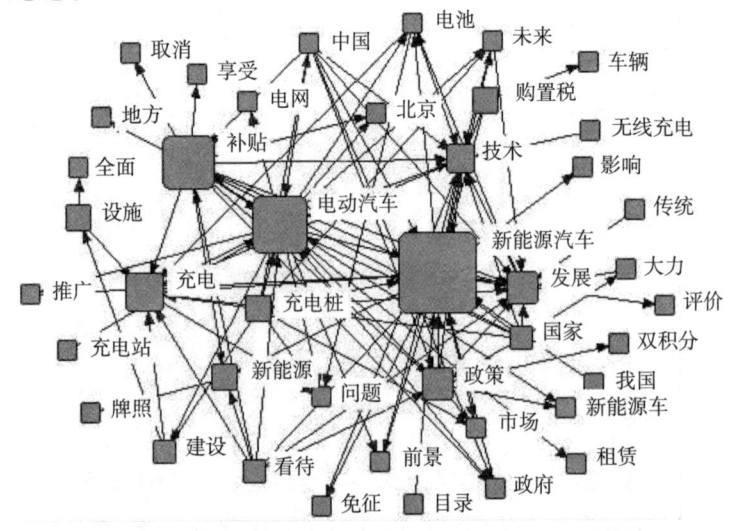

图7-3 新能源汽车产业政策公众感知话题语义网络图

7.3.2.3 公众感知话题类型分析

通过对知乎网站新能源汽车话题特征的分析，结合相关领域专家意见，本研究结合话题内容和形式将公众感知的新能源汽车产业政策话题分为三类：政策询问类、政策评价类和政策影响类。政策询问类话题主要涉及实施新能源汽车扶持政策的缘由、具体优惠政策以及享受优惠政策的方式等。政策评价类话题包括对政策合理性、政策效果、具体政策的评价以及对政策实施过程中出现问题的评价等。政策影响类话题主要包括政策对行业、市场、消费者以及企业的影响等。

在所有话题中政策询问类话题数量最多，占 70.3%，政策评价类话题占 17.3%，政策影响类话题占 12.4%。询问类话题最多，一方面表明对于关注新能源汽车产业政策的人群来说，更多的是想要了解在国家扶持新能源汽车产业发展的政策背景下，有哪些优惠政策，获取补贴的途径以及相关的充电基础设施建设情况；另一方面说明相关政策宣传不到位，使得公众对新能源汽车优惠政策不甚了解。早在 2015 年中国汽车工业协会和尼尔森发布的《中国汽车消费者白皮书》介绍，有关新能源汽车补贴政策的总体知晓比例仅为 53.9%（中国汽车工业协会等，2015），随着公众对新能源汽车关注度的提升，政策宣传不到位的情况愈加明显。

针对上述三类话题，分析每类话题的具体关注点。首先，提炼话题的核心词汇，将核心词汇作为话题的标签；然后，运用对应分析探究话题类型与关注点的对应关系，结果如图 7-4 所示。维度 1 和维度 2 解释了原始数据的所有信息，维度 1 解释占比 73.2%，维度 2 解释占比 26.8%。各点的空间位置反映话题类型和关注点之间的关联对应信息，将话题类型坐标点与原点连线，得到三类话题类型向量，各关注点向话题类型向量做垂线，垂线越短表明在该话题类型中对该关注点的关注越高。

由图 7-4 可知，在政策询问类话题中有关补贴、电池、牌照、双积分、充电、充电桩的话题是主要关注点，表明公众对补贴政策、双积分政策的具体细则以及获得补贴优惠政策的途径比较感兴趣，同时公众比较关注新能源汽车牌照及充电问题。政策评价类话题中，主要是对新能源汽车产业政策对于产业发展、技术推动的效果评价以及对补贴政策、购置税的合理性评价。政策影响类话题中，政策对新能源汽车推广的影响，对投资、创业的影响以及租赁政策对行业的影响是主要关注点。

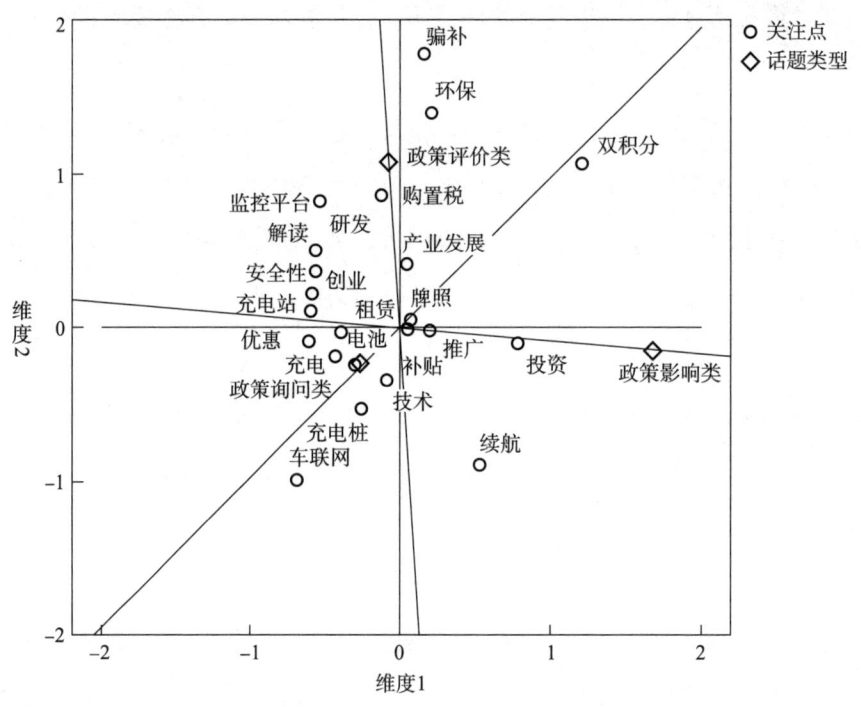

图7-4 新能源汽车产业政策话题对应分析图

7.3.3 新能源汽车产业政策公众感知的重要话题分析

通过7.3.2节的分析，对新能源汽车产业政策感知主体和感知客体的一般特征有了全面的了解。然而，由于公众感知话题的关注量、回答数以及被浏览次数存在较大的差异，因此公众感知话题也存在重要与非重要的区别。识别公众感知的重要话题,分析公众感知话题的关注度分布,有助于了解公众政策感知的焦点,为相关政策的制定和完善提供参考。本部分研究首先运用文本特征词权测度模型识别公众感知的重要话题;然后,分析重要话题的关注度分布;最后,对重要热点话题进行情感倾向分析。

7.3.3.1 重要话题识别

对新能源汽车产业政策公众感知话题的网络信息文本进行词频统计和词性标注,因文本信息是关于"新能源汽车产业政策",分词结果中含有的"新能源汽车""电动汽车"以及"政策"等基础词汇与感知焦点无关,故剔除。通过对感知词的词频(FR)、词性(PO)、关注量(AT)、回答数(AN)以及被浏览次数(BR)加权处理,找到重要的感知词汇,结合重要感知词汇和文本信息提炼公众感知的重要话题。感知词重要度量化模型如公式(7-1)所示,各指标及权重如表7-2所示。

$$W = 0.519 \times FR + 0.078 \times PO + 0.403 \times FO \qquad (7-1)$$

表7-2 感知词重要度测度指标

指标	权重	指标量化
词频(FR)	0.519	$FR = \dfrac{fi}{1+fi}$ (fi 为感知词在所有话题中出现的频率)
词性(PO)	0.078	$PO = 0.8$ (PO 为名词); $PO = 0.6$ (PO 为动词); $PO = 0$ (PO 为其他词性)
焦点度(FO)	0.403	$FO = \dfrac{\sqrt[3]{AT}+\sqrt{AN}+\ln BR}{1+\sqrt[3]{AT}+\sqrt{AN}+\ln BR}$ (AT 为感知词所在话题的全部关注量之和; AN 为感知词所在话题的全部回答量之和; BR 为感知词所在话题的全部被浏览次数之和)

经过测算,前30位重要感知词及重要性指数如表7-3所示。通过对重要感知词的分析可知,公众感知的新能源汽车产业政策重要话题主要包括三方面:①"补贴""租赁""双积分""购置税"是公众感知的焦点政策。这里面既有想要了解新能源汽车补贴以及免征购置税的具体细则,也有对补贴政策合理性的质疑和讨论。新能源汽车租赁(分时租赁)模式的实行,租赁政策对于行业、市场的影响以及对双积分政策的解读、评价等成为近期的关注重点。②在新能源汽车扶持政策背景下,有关新能源汽车充电、充电桩建设、电池续航和牌照问题是公众关注的重要问题。③新能源汽车推广过程中的问题、未来行业发展前景也是公众关心的重要话题。此外,涉及地区的话题中,有关北京、上海地区的新能源汽车补贴、充电基础设施以及牌照是关注热点。

表7-3 新能源汽车产业政策公众感知的重要词汇(TOP30)

感知词	重要度	感知词	重要度	感知词	重要度
补贴	0.968	市场	0.946	地方	0.929
技术	0.967	未来	0.946	普及	0.927
充电	0.966	企业	0.944	设施	0.926
充电桩	0.966	影响	0.944	双积分	0.923
发展	0.965	评价	0.943	安全性	0.922
电池	0.962	北京	0.937	续航	0.918
推广	0.954	牌照	0.935	购置税	0.915
问题	0.949	充电站	0.934	环保	0.908
租赁	0.947	上海	0.934	骗补	0.907
前景	0.947	现状	0.930	优惠	0.905

7.3.3.2 重要话题的关注度分布

在公众感知的重要话题中,不同话题的关注度显然不同。通过对关注程度的分析可以了解公众感知话题的关注度分布,找到公众关注的焦点话题。话题的关注度(N)可以用提问次数(QU)、回答数量(AN)、关注人数

(AT)以及被浏览次数(BR)来测度。由于四个指标的数量级存在很大的差距且权重不同,本研究采用变异系数加权法测度感知话题的关注度指数,具体算法如式(7-2)和式(7-3)所示。在得到关注度指数之后,运用 Min-Max 标准化方法将提问次数、回答数量和关注度指数标准化,通过四分图呈现。四分图中横轴为回答数量,纵轴为提问次数,气泡大小为关注度指数。根据话题中感知词所处的位置,将其分成 4 种类型:①舆论热点:高提问次数且高回答数;②关注焦点:高提问次数低回答数;③潜在点:高回答数低提问次数;④沉默点:低回答数低提问次数。具体结果如图 7-5 所示。

$$N = w_1 QU + w_2 AN + w_3 AT + w_4 BR \tag{7-2}$$

$$w_i = \frac{\dfrac{\sigma_i}{\mu_i}}{\sum_{i=1}^{4} \dfrac{\sigma_i}{\mu_i}} \quad (i = 1, 2, 3, 4) \tag{7-3}$$

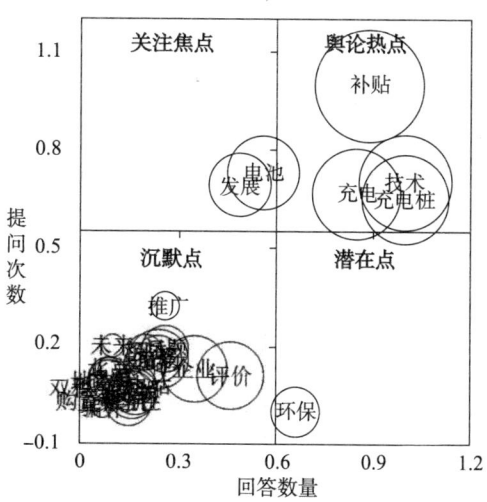

图 7-5 新能源汽车产业政策公众感知话题四分图

由图 7-5 可知,感知词"补贴""充电""充电桩"以及"技术"的提问频次、回答数量以及关注度指数都相对较高,处于舆论热点区域,表明公众最为关注新能源汽车补贴政策、新能源汽车充电技术以及新能源充电桩建设。新能源汽车扶持政策中，补贴政策是刺激市场需求的重要需求面政策，也是与公众密切相关的政策。因此，有关补贴政策的细则、获取补贴的途径和方式都是公众最为关心的话题。在国家大力推广新能源汽车的政策背景下，补贴政策在一定程度上能够吸引部分群体。然而，新能源汽车充电问题和充电桩的便利性也是公众关心的重要问题。中国汽车工业协会发布的数据显示，2017年全国公共类充电基础设施保有量为213903个，随车配建私人类充电基础设施约231820个（国家能源局电力司等，2017）。按照2017年172万辆新能源汽车保有量计算，桩车比约为25.9%，而瑞典在2014年桩车比已达到44.3%[290]。目前我国充电设施的建设滞后于新能源汽车的推广，且充电设施布局不合理、设施利用率低。虽然《国务院办公厅关于加快电动汽车充电基础设施建设的指导意见》的发布有助于推动新能源汽车充电设施建设，但各项政策执行的力度还有待提升。

感知词"电池""发展"处于关注焦点区域，提问的频次高而回答数量相对较低，表明此类问题是公众想要了解而未有效解答的问题。新能源汽车电池技术是重要核心技术之一，电池的性能与行驶里程、充电时间、充电效率以及充电安全性有密切的关系。公众关注的新能源汽车电池问题包括电池续航里程、安全性以及电池回收问题，这些问题的提问次数多，但回答数量少。国家对动力电池的研发给予很大的支持，国务院关于印发《节能与新能源汽车产业发展规划（2012—2020）》的通知中，也强调要大力推进动力电池技术创新。我国动力电池的研发在政策推动下取得了一定进展，但仍处于初级阶段，续航里程不足在一定程度上制约了新能源汽车的推广和公众的购车需求。国家发改委联合四部委于2015年制定《电动汽车动力蓄电池回收利用技术政策（2015年版）》，但公众关注的电池回收途径和环保性问题的回复数量却依旧很少，表明相关政策宣传力度有待提升。

感知词"环保"处于潜在点区域,提问次数虽少但回答数较多。应对日益严重的环境污染是国家大力扶持新能源汽车产业发展的重要原因之一,关于新能源汽车推广的环保性也引起公众的激烈讨论。公众对于新能源汽车环保性的讨论主要是新能源汽车动力来源的环保性、电池污染以及碳排放量等。关于新能源汽车环保性的讨论表明公众除了关注与自身密切相关的政策之外(补贴政策、免购置税政策等),还会对新能源汽车行业发展的环保性进行深入的探讨。

处于沉默点区域的感知词,提问次数和回答数都比较少,在此不再论述。

7.3.3.3 重要热点话题的情感分析

情感分析是从用户产生的文本中提取出作者对评价对象的情感倾向性,并分析作者的态度(或称观点、情感)[291]。本部分内容对公众关注的新能源汽车补贴政策话题进行情感分析,了解公众对新能源汽车补贴政策的态度和情感倾向。在 485 个与新能源汽车产业政策相关的话题中,筛选出 61 个与补贴政策评价性相关的话题以及回复。利用 ROST Content Mining6 软件对话题回复文本进行情感倾向分析,结果如表 7-4 所示。

表 7-4 积极情绪/消极情绪强度分段统计结果

积极情绪强度			消极情绪强度		
分段统计	数量	所占比例	分段统计	数量	所占比例
一般(0~10)	41	28.02%	一般(-10~0)	26	17.81%
中度(10~20)	17	11.64%	中度(-20~-10)	23	15.76%
高度(20 以上)	12	8.22%	高度(-20 以下)	9	6.16%

在有关新能源汽车补贴政策的 146 个回复中,有 70 个体现回复者积极情绪的文本,58 个体现回复者消极情绪的文本,18 个体现回复者中性情绪的文本。从数量上来看,体现积极情绪的回复占总体数量的 47.94%,

表明参与新能源汽车补贴政策话题讨论的大部分公众,对新能源汽车补贴政策表达了积极肯定的态度。进一步分析积极情绪和消极情绪的情绪强度,具体结果如表7-4所示。在积极情绪的回复中情绪强度以一般程度(41个)和中度程度(17个)为主;消极情绪的回复中情绪强度也以一般程度(26个)和中度程度(23个)为主。情绪强度的分析结果表明,公众对新能源汽车补贴政策呈现出两极分化的情感态度,有积极支持新能源汽车补贴政策的,也有强烈质疑、反对补贴政策的。

结合情感分析的结果和相关的网络信息文本内容,分析不同情绪下公众对新能源汽车补贴政策的主要观点。对新能源汽车补贴政策持积极态度的人群认为国家关于新能源汽车产业的战略布局是基于能源安全以及在电动汽车技术领域实现"弯道超车"。因此,在新能源汽车产业发展初期,技术不成熟且成本高,缺乏市场竞争力的情况下,补贴政策是引导和维持产业发展的必要手段,是新能源汽车产业发展的重要驱动力。然而,对新能源汽车补贴政策持消极态度的人群则认为国家对新能源汽车生产企业的补贴是过度干预市场的行为,不仅影响了市场的公平性,导致"劣币驱逐良币",而且滋生了一些投机、骗补的行为,给整个新能源汽车产业的良性发展造成了恶劣的影响。持中立态度的人群则认为新能源汽车补贴政策是一把双刃剑,国家要根据产业发展的情况及时调整政策,同时也应该加强监督防止骗补行为的出现。

7.4 本章小结

本研究基于公众参与理论、数据科学研究理论和公众感知本原理论,结合文本挖掘技术提出了基于网络信息挖掘的产业政策公众感知研究框架,并以新能源汽车产业政策为例,系统分析了公众对新能源汽车产业政策感知的基本特征、感知重点话题、重点话题关注度分布以及相关情感倾向。分析得到的结论主要有以下五点：

(1)有关新能源汽车产业政策话题的公众参与度不断提升，相关话题的数量呈现不断上升的趋势，且话题的提问者以男性为主，表明随着国家对新能源汽车产业的推进，公众对于新能源汽车产业政策的关注也日益增加。

(2)新能源汽车产业政策公众感知语义网络图中，"新能源汽车""电动汽车""补贴""发展""政策""技术""充电"等词汇处于网络中心位置，相关话题围绕这些词汇展开；话题类型主要有政策询问类、政策评价类以及政策影响类，且以政策询问类话题为主，涉及的话题包括可享受的具体优惠政策、获得补贴的途径及充电基础设施建设情况。

(3)公众更为关注与自身利益相关的政策话题，在公众感知的所有话题中"补贴""双积分""购置税"以及"租赁"是公众感知的焦点政策。有关"补贴""购置税"的话题中既有想要了解新能源汽车补贴以及免征购置税的具体细则，也有对补贴政策合理性的质疑和讨论。新能源汽车租赁(分时租赁)模式的实行，租赁政策对于行业、市场的影响以及对双积分政策的解读、评价等成为近期的关注重点。

(4)公众比较关注涉及改善新能源汽车使用便捷性的政策，如涉及"充电""充电桩""充电站""续航"以及"牌照"等政策是公众感知的重要话题，同时有关"充电"和"充电桩"的政策话题是舆论热点。在新能源汽车最大行驶里程一定的情况下，充电基础设施的便利性能有效缓解公众的"里程焦虑"[67]。然而，目前我国新能源汽车的桩车比与发达国家相比仍比较低，充电基础设施的不完善引起了公众的关注与讨论。

(5)有关新能源汽车补贴政策的情感倾向分析中，呈现出两极分化的态度。近48%的公众对新能源汽车补贴政策表示出积极的情感和支持的态度，认为国家对车企和消费者的补贴政策是基于能源安全以及实现电动汽车技术领域的"弯道超车"。在新能源汽车产业发展初期，技术不成熟且成本高，缺乏市场竞争力的情况下，补贴政策是促进产业发展的必要手段，能够促进车企的生产研发以及刺激消费需求。然而，也有近40%的公众对补贴政策表现出消极的情绪，质疑和反对国家对车企的超高额补贴政策，认为国家对新能源汽车生产企业的过度补贴影响了市场的公平性，导致"劣币驱逐良币"，而且还滋生了一些投机、骗补行为，影响了新能源汽车产业的健康可持续发展。

第8章

完善新能源汽车产业政策的建议

本书围绕新能源汽车产业政策效果评价，对新能源汽车产业政策作用机理、产业政策特征对产业绩效的影响效果评价以及基于公众感知的新能源汽车产业政策效果评价进行系统分析。基于仿真模拟、实证分析以及网络信息挖掘的研究结果，本章从四个方面提出完善新能源汽车产业政策的建议。

8.1 基于新能源汽车产业政策作用机理研究结论的建议

通过分析新能源汽车产业政策作用机理，从中发现不同政策工具以及不同类型政策对新能源汽车产业绩效影响的特点，据此提出以下三点政策建议。

（1）根据新能源汽车产业发展阶段，适时调整政策工具。根据仿真模拟的结果可知，不同时期政策工具对新能源汽车产业绩效的作用效果不同。在新能源汽车产业发展初期，要关注刺激生产和需求类政策工具的使用。当产业发展步入正轨后，政策工具应从"输血类"（消费补贴）向"造血类"（税费优惠、研发补贴等）转变，优化竞争机制，助力产业竞争力的提升。此外，不应过分重视政策工具的短期实施效果，而应关注政策工具对产业发展的长期影响。科学与技术开发政策和公共服务政策在短期内对新能源汽车产业绩效的影响作用有限，但是对于产业的可持续发展具有重要的作用。法规与管制政策和政策性策略对于产业绩效的影响效果不及其他政策工具,但对于营造良好的产业发展环境具有重要的意义。

(2)结合新能源汽车产业链特点和政策类型特征,合理布局政策组合。新能源汽车产业政策对产业绩效的影响是一个复杂且动态变化的过程。不同类型政策的作用路径和影响程度不同,对新能源汽车上、中、下游产业绩效的作用效果也不同。三类政策对上游产业绩效的作用效果存在明显的滞后性,政策制定和实施不能急于求成,政策组合以稳定上游市场的稳定性为主。中游产业绩效受需求面政策的影响较大,可适当提升供给面和环境面的作用效果,促进中游产业的发展。三类政策中需求面政策对下游产业绩效的影响最强;供给面政策对于提升产业竞争力,促进产业可持续发展具有重要作用;环境面政策对于规范产业秩序具有重要意义。因而,要重视三类政策的组合运用,不过分侧重于某一类政策。

(3)关注政策传导效用,提升政策实施效率。新能源汽车产业政策对于产业的影响具有明显的传导效用。因而,在政策制定及实施过程中要关注政策在产业链中的传导效应。当前新能源汽车产业政策较多集中在下游产业,虽然政策作用效果能够通过下游产业传导到中游和上游产业,但政策在传导过程中存在一定的滞后性,进而影响政策的实施效果。因此,要关注整个产业链的可持续发展,选择恰当的政策切入点,促进新能源汽车上游和中游产业的稳定发展。通过多管齐下的政策,推动新能源汽车上、中、下游产业的协同发展。

8.2 基于新能源汽车产业政策特征对产业绩效影响效果的建议

通过非平衡面板模型分析新能源汽车产业政策特征(综合性、多样性、协同性）对产业绩效的影响，根据研究的结论从提升产业绩效的角度，提出三点完善新能源汽车产业政策的建议。

（1）各类产业政策的实施以及不同产业政策工具的组合运用均对新能源汽车产业绩效产生促进作用。政策综合性与产业绩效之间的倒 U 型关系表明，产业政策并非越多越好，随着产业的发展，过多的政策反而会阻碍产业绩效的进一步提升。目前，我国新能源汽车产业已逐渐从培育期步入发展期，政策的扶持使得产业得到显著的发展，但也带来了很多问题。政府的角色也应当从"扶持人"适时转变到"监管人"，将"有形的手"和"无形的手"有机结合，才能促进新能源汽车产业的健康可持续发展。

（2）不同类型产业政策以及不同政策工具的组合使用构成政策的多样性，多样性的政策能够从不同着力点对产业发展施加影响力。针对新能源汽车产业相关政策而言，产业政策的多样性与上、中、下游产业绩效之间存在正向的影响关系，但政策多样性与上、中游产业绩效之间的倒 U 型关系表明，政策的多样性并非越高越好，适度的多样性能够促进产业绩效的提升，而过度的多样性则会抑制产业绩效的提升。产业政策多样性与产业绩效之间的动态影响关系要求政府在运用政策工具时，一方面要重视政策工具的组合，另一方面要根据产业不同发展阶段的特点适时调整政策工具的组合使用。

（3）产业政策不同类型之间的协同性对新能源汽车上、中、下游产业绩效影响的差异性表明：政府应关注供给面政策与环境面政策之间的协同性，在规范引导新能源汽车产业发展的同时，也应注重对核心技术研发的支持、相关技术人员的教育与培养，以及新能源汽车试点示范工作的有序推进；对下游整车制造企业给予补贴以及税费优惠政策的同时，也应关注对原材料生产企业以及零部件制造企业的合理引导与支持，促进整个产业链健康可持续发展；此外，政策制定者还应平衡行业监管与刺激市场需求之间的关系，加强产业与市场间的良性互动。

8.3 基于新能源汽车产业政策特征对产业绩效滞后影响结果的建议

基于新能源汽车产业政策特征对产业链上、中、下游产业绩效滞后影响的结果，提出三点完善新能源汽车产业政策的建议。

(1)新能源汽车产业政策综合性对产业链上、中、下游产业绩效的滞后影响期不同，对中游及下游产业绩效的滞后影响期较长，而对上游产业绩效的滞后影响期相对较短。因此，政府在运用不同类型政策工具时，要考虑政策对产业链不同主体滞后影响的差异性。在政策的制定以及实施过程中，不能急功近利，要关注政策的滞后累积效应。

(2)新能源汽车产业政策多样性，对中游及下游产业绩效的滞后影响期较长，而对上游产业绩效的滞后影响期较短。政策多样性代表使用不同类型政策工具的情况，不同政策工具目标及针对的对象有所不同，产生的影响也各有差异。新能源汽车产业链下游和中游涉及新能源汽车核心零部件及整车制造，更易受到多样性政策的影响；而上游产业更多地涉及原材料，往往通过政策在产业链的传导而受到影响。因此，在制定以及完善政策时，要考虑多样性政策对产业链不同主体的滞后影响期的差异性。

(3)新能源汽车产业政策的协同性，是不同类型政策工具之间的协调、平衡程度。政策协同性对产业链上、中、下游产业绩效的滞后影响期呈现出一致性。然而，不同类型产业政策协同性在不同滞后期间对产业链主体绩效的影响是有差异的。根据VAR模型估计的结果，若要使政策协同性对不同主体绩效产生正向滞后影响，则需要改善供给面政策与需求面政策的协同性来促进上游产业绩效的提升，通过改善环境面政策与需求面政策的协同性实现政策协同性对中游产业绩效的正向滞后影响,通过优化供给面政策与需求面政策的协同性以及环境面政策与需求面政策的协同性实现对下游产业绩效的正向滞后影响。

8.4 基于公众感知的新能源汽车产业政策效果评价结果的建议

通过分析新能源汽车产业政策的公众感知,从中发现新能源汽车产业政策扩散、实施过程中存在的问题以及需要完善的地方。基于研究中的发现,为完善新能源汽车产业政策制定和实施,提出以下四点建议:

(1)提高新能源汽车产业政策扩散的有效性。公众感知的新能源汽车产业政策话题以政策询问类为主,询问内容主要包括新能源汽车产业扶持政策的缘由、具体优惠政策的细则以及享受优惠政策的方式等。政策询问类问题比重高,表明政策扩散未能有效到达受众,使得公众对相关政策的知晓情况差。同时,也表明公众了解政策信息的渠道有限,一部分公众便借助网络媒介来获得政策信息。因此,要提高新能源汽车产业政策扩散的有效性,拓展政策扩散渠道,使公众能够及时了解相关政策的具体信息,进而提高公众对政策的理解和支持。主要措施包括:建立行业协会主导的新能源政策宣传平台,发挥好机构博主、微信公众号等网络媒介在政策传播中的重要作用,提升主流舆论的影响力。

(2)加强对新能源汽车充电基础设施建设的政策扶持。在公众感知的新能源汽车产业政策话题中,有关政策对新能源汽车充电便利性、充电桩布局和使用效率的影响是重要关注话题。而当前我国新能源汽车桩车比还较低,且存在着充电设施布局不合理、设施利用率低以及充电桩标准不统一(充电接口不兼容)等问题。充电基础设施发展滞后必然会影响新能源汽车产业的发展。因此,要加强对新能源汽车充电设施建设的政策扶持,推进新能源汽车充电设施建设。

(3)建立完备的新能源汽车产业政策实施监督体系。新能源汽车补贴政策是促进产业发展、刺激市场需求的重要措施。相当一部分公众对补贴政策的作用表达出积极肯定的态度。然而,由于政策实施过程中的监管不力,使得部分新能源汽车生产企业铤而走险虚报生产情况骗取国家补贴。"骗补"行为不仅影响了新能源汽车产业的健康发展,而且造成了恶劣的社会影响,使得公众质疑甚至批评与反对补贴政策。因此,加大政策实施监管力度,明确政策实施的各级主体责任,建立责任监察机制:一是建立基于网络信息平台的政策违规举报机制,由专门机构和人员负责举报信息的收集、分析和处理,并及时公布处理结果;二是要及时、全面收集公众有关新能源汽车产业政策的网络信息,了解公众的关注焦点,并进行情感分析和研判大势,及时提出应对方案。

(4)建立有效的新能源汽车产业政策反馈机制。公众对新能源汽车产业政策的感知是政策制定、实施以及调整的重要依据。然而,由于目前缺乏有效的新能源汽车产业政策反馈渠道,公众对于新能源汽车产业政策的感知,特别是公众有关政策的情感评价未能得到相应重视,公众对于政策的质疑也未得到有效的回应。政策反馈机制的缺位,使得公众无法有效地参与到政策实施及完善过程中,进而影响政策的实施效果。因此,应建立有效的新能源汽车产业政策反馈机制,及时了解公众对于新能源汽车产业政策的诉求,把握公众对政策实施过程的反馈和建议。相关政策出台和实施的过程中,一方面有关部门要对有关政策咨询问题及时做出答复;另一方面,还应积极主动通过网络平台征询建议,对被采纳的建议给予表彰和奖励。

结　论

本研究基于多源数据对我国新能源汽车产业政策效果进行评价。研究围绕明确新能源汽车产业政策效果评价基础、探究产业政策特征对产业绩效的影响效果、基于公众感知角度的产业政策效果评价以及完善新能源汽车产业政策的对策建议依次展开。研究的主要创新点和结论有以下三点：

第一，揭示新能源汽车产业政策作用机理。本书提出新能源汽车产业政策作用机理分析框架，在阐述政策作用环境、政策主体、政策资源以及主体行为机制的基础上，通过多主体仿真模型揭示新能源汽车产业政策对产业绩效的作用机理。研究结果表明，不同政策工具对新能源汽车产业绩效的作用效果具有明显的时序变化特征且影响程度不同：在产业发展初期，拉动需求和刺激生产类政策能够在短期内推动产业的起步和发展；科学与技术开发和公共服务政策的作用效果缓慢，但对产业绩效的提升有着积极而持续的影响；在仿真模拟后期，税费优惠政策对新能源汽车产业绩效的影响更为显著。此外，不同类型政策对新能源汽车产业链不同主体绩效作用强度不同：三类政策对上游产业绩效的影响具有明显的滞后效用；需求面政策对中游产业绩效具有较强的促进作用，影响过程经历缓慢到迅速，影响程度逐渐加强；需求面政策和供给面政策在仿真模拟初期对下游产业绩效的影响作用较为接近，之后，两者之间的差距不断拉大，且需求面政策作用效果强于供给面政策。最后，研究还发现新能源汽车产业政策对产业绩效的影响具有明显的传导效用，新能源汽车产业政策对于产业链不同主体绩效具有明显的提升作用，且产业政策作用力通过下游产业传导作用到中游和上游产业。

第二，阐释新能源汽车产业政策特征对产业链不同主体绩效的影响效果。在优化政策特征量化指标及测度方法的基础上，运用非平衡面板数据模型和 VAR 模型评价新能源汽车产业政策特征对产业链绩效的影响效果。得到的主要结论有：新能源汽车产业政策综合性对上、中、下游产业绩效存在显著的正向影响，且与中游和下游产业绩效之间存在倒 U 型的关系，对上、中、下游产业绩效的滞后影响期分别为 4 期、5 期、5 期；新能源汽车产业政策多样性对上、中、下游产业绩效存在显著的正向影响，且与上游和中游产业绩效之间存在倒 U 型关系，对上、中、下游产业绩效的滞后影响期分别为 2 期、3 期、3 期。新能源汽车产业政策协同性对产业绩效的影响中，供给面政策与环境面政策的协同性对新能源汽车中、下游产业绩效产生负向的影响，且存在负向的滞后性；供给面政策与需求面政策的协同性对上游产业绩效产生负向的影响，但对中游和下游产业绩效均产生正向的影响，且存在正向的滞后性；环境面政策与需求面政策的协同性对新能源汽车上游产业绩效产生负向的影响和负向的滞后性，但对中游产业绩效产生正向的影响，对下游产业绩效的影响未得到验证；三类产业政策整体协同性对上、中、下游产业绩效的滞后影响期均为 3 期。

第三，从公众感知的角度对新能源汽车产业政策进行效果评价，研究结果表明，公众感知的政策话题类型包括政策询问类、政策评价类和政策影响类。政策询问类话题主要涉及实施新能源汽车扶持政策的缘由、具体优惠政策以及享受优惠政策的方式等。政策评价类话题主要包括对政策合理性、政策效果、具体政策的评价以及对政策实施过程中出现问题的评价等。政策影响类话题主要包括政策对行业、市场、消费者以及企业的影响等。公众感知话题的关注度分布表明：在政策询问类话题中，公众更为关注获取优惠政策（购置税、税费优惠、使用便利性等）的途径、双积分政策的解读、租赁政策分析;而在政策评价类话题中,公众较为关注新能源汽车补贴政策的合理性、基础配套设施(充电桩、充电站)的便捷性;在政策影响类话题中,公众对即将实施双积分政策产生的影响以及牌照政策对采用新能源汽车的影响比较感兴趣。公众感知的政策话题内容、关注度分布以及情感分析进一步表明,当前新能源汽车产业政策的扩散性较差,新能源汽车推广配套性政策实施效果尚未达到公众预期,以及补贴政策实施过程中存在的问题已引起较大的争议。

  本研究基于多源数据对新能源汽车产业政策效果进行评价,拓展了产业政策评价研究的范畴,补充了新的评价视角,并依据研究结论,为新能源汽车产业政策的制定和完善提供了对策建议。然而,由于受到个人能力、研究数据、研究时间的限制,本书仍存在需要完善的地方。新能源汽车产业政策作用机理研究中,本书分析不同政策工具对产业绩效的作用规律和特点,未来研究可考虑加入政策扩散的影响,将中央级政策和地方政策结合起来,更加全面地分析产业政策对产业发展的影响;在研究方法上,本研究使用多主体仿真模型分析产业政策作用机理,后续研究可结合机器学习从而更加深入地分析产业政策对产业发展的影响;在新能源汽车产业政策效果评价中,本书仅分析了产业政策特征对产业链不同主体绩效的影响,后续研究可进一步探究产业政策对于产业链创新能力的影响;基于公众感知的新能源汽车产业政策效果评价中,本书仅使用了知乎网站中有关新能源汽车的信息,后续研究可丰富网络信息的多样性,从不同网络平台中获取相关信息,力争对公众的政策感知有更为全面的了解。

参考文献

[1]安海彦. 我国新能源汽车产业政策解读及对策建议[J]. 科技管理研究, 2012, 32(10): 29-32, 41.

[2]LANGBROEK J H M, FRANKLIN J P, SUSILO Y O. The effect of policy incentives on electric vehicle adoption[J]. Energy Policy, 2016(94): 94-103.

[3]李玮, 战建华. 中国新能源汽车产业的政策变迁与政策工具选择[J]. 中国人口·资源与环境, 2017, 27(10): 198-208.

[4]EGNER F, TROSVIK L. Electric vehicle adoption in Sweden and the impact of local policy instruments[J]. Energy Policy, 2018(121): 584-596.

[5]MA Y, SHI T, ZHANG W, et al. Comprehensive policy evaluation of NEV development in China, Japan, the United States, and Germany based on the AHP-EW model[J]. Journal of cleaner production, 2019(214): 389-402.

[6]中国汽车工业协会, 尼尔森.《中国汽车消费者白皮书》发布[EB/OL]. https://www.sohu.com/a/26947494_162758, 2015-08-12.

[7]HARRIS R, KEAY I, LEWIS F. Protecting infant industries: Canadian manufacturing and the national policy, 1870-1913[J]. Explorations in Economic History, 2015 (56): 15-31.

[8]PEREZ M P, RIBERA L A, PALMA M A. Effects of trade and agricultural policies on the structure of the US tomato industry[J]. Food Policy, 2017 (69): 123-134.

[9]ALBRIZIO S, KOZLUK T, ZIPPERER V. Environmental policies and productivity growth: Evidence across industries and firms[J]. Journal of Environmental Economics and Management, 2017(81): 209-226.

[10]SCORDATO L, KLITKOU A, TARTIU V E, et al. Policy mixes for the sustainability transition of the pulp and paper industry in Sweden[J]. Journal of Cleaner Production, 2018(183): 1216-1227.

[11]OHRN E. The effect of tax incentives on US manufacturing: Evidence from state accelerated depreciation policies[J]. Journal of Public Economics, 2019(180): 104084.

[12]KIYOTA K, OKAZAKI T. Industrial policy cuts two ways: Evidence from cotton-spinning firms in Japan, 1956-1964[J]. The Journal of Law and Economics, 2010, 53(3): 587-609.

[13]AGHION P, DEWATRIPONT M, DU L, et al. Industrial policy and competition[J]. American Economic Journal: Macroeconomics, 2015, 7(4): 1-32.

[14]RAMACIOTTI L, MUSCIO A, RIZZO U. The impact of hard and soft policy measures on new technology-based firms[J]. Regional Studies, 2017, 51(4): 629-642.

[15]DANIEL F. Normative market regulation by means of early standardization: A descriptive policy analysis for the biobased industry[J]. Journal of Cleaner Production, 2019(232): 1282-1296.

[16]FERNANDEZ-SASTRE J, MONTALVO-QUIZHPI F. The effect of developing countries' innovation policies on firms' decisions to invest in R&D[J]. Technological Forecasting and Social Change, 2019(143): 214-223.

[17]ALONSO E B, SWINNEN J. Who are the producers and consumers?

Value chains and food policy effects in the wheat sector in Pakistan[J]. Food Policy, 2016(61): 40-58.

[18] KNEZ M, OBRECHT M. Policies for promotion of electric vehicles and factors influencing consumers' purchasing decisions of low emission vehicles[J]. Journal of Sustainable Development of Energy Water and Environment Systems, 2017, 5(2): 151-162.

[19] SHIN J, HWANG W-S. Consumer preference and willingness to pay for a renewable fuel standard (RFS) policy: Focusing on ex–ante market analysis and segmentation[J]. Energy Policy, 2017(106): 32-40.

[20] YANG S, CHENG P, LI J, et al. Which group should policies target? Effects of incentive policies and product cognitions for electric vehicle adoption among Chinese consumers[J]. Energy Policy, 2019(135): 111009.

[21] YOO S, YOSHIDA Y. Consumer preferences and financial incentives in the Japanese automobile industry[J]. Transport Policy, 2019(81): 220-229.

[22] 朱明皓,窦水海,贾冀.中国汽车产业技术创新政策效果分析[J].科研管理,2017(7): 26-36.

[23] 蒋园园,杨秀云,李敏.中国文化创意产业政策效果及其区域异质性[J].管理学刊,2019,32(5): 9-19.

[24] 周珊珊,孙玥佳.政府补贴与高技术产业持续适应性创新演化[J].科研管理,2019,40(10): 58-72.

[25] 伍健,田志龙,龙晓枫,等.战略性新兴产业中政府补贴对企业创新的影响[J].科学学研究,2018,36(1): 158-166.

[26] 白旭云,王砚羽,苏欣.研发补贴还是税收激励——政府干预对企业创新绩效和创新质量的影响[J].科研管理,2019,40(6): 9-18.

[27] 熊勇清,李小龙.新能源汽车产业供需双侧政策对潜在消费者的

影响[J]. 中国人口·资源与环境, 2018, 28(6): 52-62.

[28]宋妍, 李振冉, 张明. 异质性视角下促进绿色产品消费的补贴与征税政策比较[J]. 中国人口·资源与环境, 2019, 29(8): 59-65.

[29]ZELENIKA-ZOVKO I, PEARCE J M. Diverting indirect subsidies from the nuclear industry to the photovoltaic industry: Energy and financial returns[J]. Energy Policy, 2011, 39(5): 2626-2632.

[30]FALCK O, HEBLICH S, KIPAR S. Industrial innovation: Direct evidence from a cluster-oriented policy[J]. Regional Science & Urban Economics, 2010, 40(6): 574-582.

[31]DOS SANTOS ALVES C E, BELARMINO L C, PADULA A D. Feedstock diversification for biodiesel production in Brazil: Using the Policy Analysis Matrix (PAM) to evaluate the impact of the PNPB and the economic competitiveness of alternative oilseeds[J]. Energy Policy, 2017 (109): 297-309.

[32]SZÜCS F. Research subsidies, industry-university cooperation and innovation[J]. Research Policy, 2018, 47(7): 1256-1266.

[33]EZZAT R A, ABOUSHADY N. Do restrictive regulatory policies matter for telecom performance? Evidence from MENA countries[J]. Utilities Policy, 2018 (53): 60-72.

[34]王登礼, 赖先进, 郭京京. "研发费加计扣除政策"的税收激励效应——以战略性新兴产业为例[J]. 科学学与科学技术管理, 2018, 39(10): 3-12.

[35]李香菊, 杨欢. 财税激励政策、外部环境与企业研发投入——基于中国战略性新兴产业A股上市公司的实证研究[J]. 当代财经, 2019(3): 25-36.

[36]LEWIS J I, WISER R H. Fostering a renewable energy technology

industry: An international comparison of wind industry policy support mechanisms [J]. Energy Policy, 2007, 35(3): 1844-1857.

[37] DE MELO C A, DE MARTINO JANNUZZI G, TRIPODI A F. Evaluating public policy mechanisms for climate change mitigation in Brazilian buildings sector[J]. Energy Policy, 2013 (61): 1200-1211.

[38] DE MELLO SANTANA P H. Cost-effectiveness as energy policy mechanisms: The paradox of technology-neutral and technology-specific policies in the short and long term[J]. Renewable and Sustainable Energy Reviews, 2016 (58): 1216-1222.

[39] KESTER J, NOEL L, DE RUBENS G Z, et al. Policy mechanisms to accelerate electric vehicle adoption: a qualitative review from the Nordic region [J]. Renewable and Sustainable Energy Reviews, 2018 (94): 719-731.

[40] VAN ASWEGEN M, RETIEF F P. The role of innovation and knowledge networks as a policy mechanism towards more resilient peripheral regions [J]. Land Use Policy, 2020 (90): 104259.

[41] 罗斌, 王花. 基于系统动力学的房地产调控政策动态仿真模型 [J]. 技术经济, 2013, 32(6): 111-119.

[42] 韩超, 肖兴志, 李姝. 产业政策如何影响企业绩效：不同政策与作用路径是否存在影响差异？[J]. 财经研究, 2017, 43(1): 122-133, 144.

[43] 刘湘云, 吴文洋. 基于高新技术产业的科技金融政策作用路径与效果评价研究[J]. 科技管理研究, 2017, 37(18): 23-28.

[44] 黄萃, 任弢, 张剑. 政策文献量化研究：公共政策研究的新方向 [J]. 公共管理学报, 2015 (2): 115-158.

[45] LIBECAP G D. Economic variables and the development of the law: The case of western mineral rights[J]. The Journal of Economic History, 1978,

38(2): 338-362.

[46] LAVER M, BENOIT K, GARRY J. Extracting policy positions from political texts using words as data[J]. American Political Science Review, 2003, 97(2): 311-331.

[47] KLÜVER H. Measuring interest group influence using quantitative text analysis[J]. European Union Politics, 2009, 10(4): 535-549.

[48] QUINN K M, MONROE B L, COLARESI M, et al. How to analyze political attention with minimal assumptions and costs[J]. American Journal of Political Science, 2010, 54(1): 209-228.

[49] COLDITZ J B, TON J N, JAMES A E, et al. Toward effective water pipe tobacco control policy in the United States: Synthesis of federal, state, and local policy texts[J]. American Journal of Health Promotion, 2017, 31(4): 302-309.

[50] HUANG C, YANG C, SU J. Policy change analysis based on "policy target-policy instrument" patterns: A case study of China's nuclear energy policy [J]. Scientometrics, 2018, 117(2): 1081-1114.

[51] 潜伟, 吕科伟. 宋代科技政策的计量研究——以《宋史》本纪中记载科技内容为计量对象[J]. 科学学研究, 2007 (2): 233-238.

[52] 刘云, 叶选挺, 杨芳娟, 等. 中国国家创新体系国际化政策概念、分类及演进特征——基于政策文本的量化分析[J]. 管理世界, 2014 (12): 62-69, 78.

[53] 杨慧, 杨建林. 融合LDA模型的政策文本量化分析——基于国际气候领域的实证[J]. 现代情报, 2016 (5): 71-81.

[54] 祝鑫梅, 余晓, 卢宏宇. 中国标准化政策演进研究: 基于文本量化分析[J]. 科研管理, 2019, 40(7): 12-21.

[55] 彭纪生，仲为国，孙文祥. 政策测量、政策协同演变与经济绩效：基于创新政策的实证研究[J]. 管理世界，2008（9）：25-36.

[56] 徐喆，李春艳. 我国科技政策组合特征及其对产业创新的影响研究[J]. 科学学研究，2017，35（1）：45-53.

[57] 张国兴，张培德，修静，等. 节能减排政策措施对产业结构调整与升级的有效性[J]. 中国人口·资源与环境，2018，28（2）：123-133.

[58] 王晓珍，蒋子浩，郑颖. 风电产业创新政策有效性研究[J]. 科学学研究，2019，37（7）：1249-1257.

[59] AHMAN M. Government policy and the development of electric vehicles in Japan[J]. Energy Policy, 2006, 34(4): 433-443.

[60] ZHOU Y, WANG M, HAO H, et al. Plug-in electric vehicle market penetration and incentives: A global review[J]. Mitigation and Adaptation Strategies for Global Change, 2015, 20(5): 777-795.

[61] BROADBENT G H, DROZDZEWSKI D, METTERNICHT G. Electric vehicle adoption: An analysis of best practice and pitfalls for policy making from experiences of Europe and the US[J]. Geography Compass, 2018, 12(2): 1-15.

[62] GALLAGHER K S, MUEHLEGGER E. Giving green to get green? Incentives and consumer adoption of hybrid vehicle technology[J]. Journal of Environmental Economics and Management, 2011, 61(1): 1-15.

[63] HACKBARTH A, MADLENER R. Consumer preferences for alternative fuel vehicles: A discrete choice analysis[J]. Transportation Research Part D: Transport and Environment, 2013 (25): 5-17.

[64] SANG Y N, BEKHET H A. Modelling electric vehicle usage intentions: An empirical study in Malaysia[J]. Journal of Cleaner Production, 2015 (92):

75-83.

[65] HELVESTON J P, LIU Y M, FEIT E M, et al. Will subsidies drive electric vehicle adoption? Measuring consumer preferences in the US and China [J]. Transportation Research Part a-Policy and Practice, 2015 (73): 96-112.

[66] LéVAY P Z, DROSSINOS Y, THIEL C. The effect of fiscal incentives on market penetration of electric vehicles: A pairwise comparison of total cost of ownership [J]. Energy Policy, 2017 (105): 524-533.

[67] SIERZCHULA W, BAKKER S, MAAT K, et al. The influence of financial incentives and other socio-economic factors on electric vehicle adoption [J]. Energy Policy, 2014, 68(5): 183-194.

[68] MORTON C, LOVELACE R, ANABLE J. Exploring the effect of local transport policies on the adoption of low emission vehicles: Evidence from the London Congestion Charge and Hybrid Electric Vehicles [J]. Transport Policy, 2017 (60): 34-46.

[69] EGBUE O, LONG S. Barriers to widespread adoption of electric vehicles: An analysis of consumer attitudes and perceptions [J]. Energy Policy, 2012, 48(3): 717-729.

[70] LI D, GUO H W, WANG X Z, et al. Analyzing the effectiveness of policy instruments on new energy vehicle industry using consistent fuzzy preference relations: A case study in China [J]. International Review for Spatial Planning and Sustainable Development, 2016, 4(3): 45-57.

[71] MELTON N, AXSEN J, GOLDBERG S. Evaluating plug-in electric vehicle policies in the context of long-term greenhouse gas reduction goals: Comparing 10 Canadian provinces using the "PEV policy report card" [J]. Energy Policy, 2017 (107): 381-393.

[72] KWON Y, SON S, JANG K. Evaluation of incentive policies for electric vehicles: An experimental study on Jeju Island[J]. Transportation Research Part a-Policy and Practice, 2018(116): 404-412.

[73] YU J L, YANG P, ZHANG K, et al. Evaluating the effect of policies and the development of charging infrastructure on electric vehicle diffusion in China[J]. Sustainability, 2018, 10(10): 3394.

[74] 陈军,张韵君. 基于政策工具视角的新能源汽车发展政策研究[J]. 经济与管理, 2013, 27(8): 77-83.

[75] 郭随磊. 中国新能源汽车产业政策工具评价——基于政策文本的研究[J]. 工业技术经济, 2015, 34(12): 114-119.

[76] 郭本海,陆文茜,王涵,等. 基于关键技术链的新能源汽车产业政策分解及政策效力测度[J]. 中国人口·资源与环境, 2019, 29(8): 76-86.

[77] 卢超,尤建新,戎珂,等. 新能源汽车产业政策的国际比较研究[J]. 科研管理, 2014, 35(12): 26-35.

[78] 张钟允,李春利. 日本新能源汽车的相关政策与未来发展路径选择[J]. 现代日本经济, 2015(5): 71-86.

[79] 陈翌,孔德洋. 德国新能源汽车产业政策及其启示[J]. 德国研究, 2014, 29(1): 71-81, 127.

[80] 曾耀明,史忠良. 中外新能源汽车产业政策对比分析[J]. 企业经济, 2011, 30(2): 107-109.

[81] 孙俊秀,陈洁,殷正远. 美日欧新能源汽车政策辨析及启示[J]. 上海管理科学, 2012, 34(2): 63-66.

[82] 刘兰剑,宋发苗. 国内外新能源汽车技术创新政策梳理与评价[J]. 科学管理研究, 2013, 31(1): 66-70.

[83]邓立治,刘建锋. 美日新能源汽车产业扶持政策比较及启示[J]. 技术经济与管理研究,2014(6):77-82.

[84]卢健,陈学广. 基于优惠税率的新能源汽车产业化激励机制研究[J]. 计算机应用研究,2014,31(6):1736-1739,1743.

[85]李礼,杨楚婧. 财政货币政策联动对新能源汽车消费的影响研究[J]. 科技管理研究,2017,37(13):30-35.

[86]郭雯,陶凯,李振国. 政策组合对领先市场形成的影响分析——以新能源汽车产业为例[J]. 科研管理,2018,39(12):30-36.

[87]高秀平,彭月兰. 我国新能源汽车财税政策效应与时变研究——基于A股新能源汽车上市公司的实证分析[J]. 经济问题,2018(1):49-56.

[88]郑吉川,赵骅,李志国. 双积分政策下新能源汽车产业研发补贴研究[J]. 科研管理,2019,40(2):126-133.

[89]邱立新. 节能减排政策传导机制与效应评价——以山东省为例[J]. 科技管理研究,2012,32(7):25-28,32.

[90]张泽一. 产业政策的影响因素及其作用机制[J]. 生产力研究,2009(10):122-123,157.

[91]李磊. 政府研发补贴对新能源汽车产业技术创新产出的影响研究[J]. 科技管理研究,2018,38(17):160-166.

[92]周燕,潘遥. 财政补贴与税收减免——交易费用视角下的新能源汽车产业政策分析[J]. 管理世界,2019,35(10):133-149.

[93]彭纪生,孙文祥,仲为国. 中国技术创新政策演变与绩效实证研究(1978—2006)[J]. 科研管理,2008,29(4):134-150.

[94]王晓珍,彭志刚,高伟,等. 我国风电产业政策演进与效果评价[J]. 科学学研究,2016,34(12):1817-1829.

[95]郭本海,李军强,张笑腾. 政策协同对政策效力的影响——基于227项中国光伏产业政策的实证研究[J]. 科学学研究,2018,36(5):790-799.

[96]GRANEHEIM U H, LINDGREN B M, LUNDMAN B. Methodological challenges in qualitative content analysis: A discussion paper[J]. Nurse Education Today, 2017(56): 29-34.

[97]张发,宣慧玉,赵巧霞. 复杂系统多主体仿真方法论[J]. 系统仿真学报,2009,21(8):2386-2390.

[98]凯恩斯. 政治经济学的范围与方法[M]. 北京:华夏出版社,2001.

[99]MASHECHKIN I V, PETROVSKIY M I, POPOV D S, et al. Applying text mining methods for data loss prevention[J]. Programming & Computing Software, 2015, 41(1): 23-30.

[100]中日经济专家组. 现代日本经济事典[M]. 北京:中国社会科学出版社,1982.

[101]JOHNSON C. MITI and the Japanese miracle: The growth of industrial policy: 1925-1975[M]. San Francisco: Stanford University Press, 1982.

[102]WARWICK K. Beyond industrial policy: Emerging issues and new trends[J]. OECD Science Technology & Industry Policy Papers, 2013.

[103]林毅夫. 产业政策与我国经济的发展:新结构经济学的视角[J]. 复旦学报(社会科学版),2017,59(2):148-153.

[104]PACK H. Industrial policy[J]. World Bank Research Observer, 2000(1): 47-67.

[105]NAUDé W. Industrial policy old and new issues[R]. Wider Working Paper, 2010: 106.

[106]LALL S. Selective industrial and trade policies in developing countries: Theoretical and empirical issues[R]. QEH Working Papers, 2000.

[107]周叔莲,吕铁,贺俊.新时期我国高增长行业的产业政策分析[J].中国工业经济,2008(9):46-57.

[108]DEVARAJAN S, UY M. Is it worthwhile to support industrial policy?[C]. DIE Workshop on Industrial Policy in Developing Countries, 2009:18-19.

[109]小宫隆太郎,等.日本的产业政策[M].北京:国际文化出版公司,1988.

[110]江飞涛,李晓萍.当前中国产业政策转型的基本逻辑[J].南京大学学报(哲学·人文科学·社会科学),2015,52(3):17-24,157.

[111]LIN J, CHANG H J. Should industrial policy in developing countries conform to comparative advantage or defy it? A debate between justin lin and ha-joon chang[J]. Development Policy Review, 2009, 27(5):483-502.

[112]江飞涛,李晓萍.改革开放四十年中国产业政策演进与发展——兼论中国产业政策体系的转型[J].管理世界,2018,34(10):73-85.

[113]Centers for Disease Control and Prevention. Policy Evaluation[EB/OL]. 2015-07-06, https://www.cdc.gov/policy/analysis/process/evaluation.html.

[114]MEIRING M. The nature and importance of policy analysis and evaluation in the local sphere of government[M]. University of Fort Hare, 2007.

[115]任景明.建立政策评价制度确保科学发展[J].中国软科学,2005(6):25-30.

[116]POTTER J G, STOREY D. OECD framework for the evaluation of SME and entrepreneurship policies and programmes[M]. Paris: Organisation for Economic Development and Cooperation, 2007.

[117] National Center for Injury Prevention and Control. Step by step—evaluating violence and injury prevention policies: Brief 3: Evaluating Policy Content [R]. Centers for Disease Control and Prevention, 2013.

[118] National Center for Injury Prevention and Contro. Step by step—evaluating violence and injury prevention policies: Brief 5: Evaluating Policy Impact [R]. Centers for Disease Control and Prevention, 2013.

[119]孙早,孙亚政,李康. 外商直接投资的研发效应与我国高技术产业的绩效[J]. 西安交通大学学报(社会科学版),2014(3):24-30.

[120]汪芳,潘毛毛. 产业融合、绩效提升与制造业成长——基于1998—2011年面板数据的实证[J]. 科学学研究,2015,33(4):530-538.

[121]刘锋,逯宇铎,于娇. 高技术产业研发投入与产业绩效的关系——基于省际面板数据的考察[J]. 科技管理研究,2016,36(17):123-127.

[122]董明放,韩先锋. 研发投入强度与战略性新兴产业绩效[J]. 统计研究,2016,33(1):45-53.

[123]李波,孙利华. 环境规制对产业绩效的影响:基于医药产业的实证分析[J]. 中国医药工业杂志,2017,48(11):1666-1670.

[124] HALL D L, LLINAS J. An introduction to multisensor data fusion [J]. Proceedings of the IEEE, 1997, 85(1): 6-23.

[125] SI L, CALLAN J. A semisupervised learning method to merge search engine results [J]. ACM Transactions on Information Systems (TOIS), 2003, 21(4): 457-491.

[126] WANG S, ZHANG H, WANG H. Object co-segmentation via weakly supervised data fusion [J]. Computer Vision and Image Understanding, 2017(155): 43-54.

[127]化柏林,李广建.大数据环境下多源信息融合的理论与应用探讨[J].图书情报工作,2015,59(16):5-10.

[128]朱雯,陈荣,孙济庆.多源数据的文献计量功能发展及其比较研究[J].图书馆理论与实践,2019(10):66-71.

[129]马捷,葛岩,蒲泓宇,等.基于多源数据的智慧城市数据融合框架[J].图书情报工作,2019,63(15):6-12.

[130]李兆中,甄峰.多源数据结合的城市生活空间质量评价——以南京为例[J].人文地理,2019,34(6):53-61.

[131]王晓光,王宏宇,黄菡.基于多源数据的专业领域热点探测模型研究[J].图书情报工作,2019,63(14):52-61.

[132]谭晓,李辉.基于多源数据知识融合方法的研究前沿识别[J].现代情报,2019,39(8):29-36.

[133]毛帅永,焦利民,许刚,等.基于多源数据的武汉市多中心空间结构识别[J].地理科学进展,2019,38(11):1675-1683.

[134]曹阳,甄峰,秦萧.基于多源数据的多规协调方法与空间优化策略——以张家港为例[J].城市发展研究,2018,25(3):32-38,32.

[135]LYU F, ZHANG L. Using multi-source big data to understand the factors affecting urban park use in Wuhan [J]. Urban Forestry & Urban Greening, 2019 (43):126367.

[136]田丰,张军,冉有华,等.基于多源数据整合的河西走廊山洪灾害风险空间分布特征研究[J].干旱区资源与环境,2018,32(7):196-203.

[137]贺敏,宋立生,王展鹏,等.基于多源数据的干旱监测指数对比研究——以西南地区为例[J].自然资源学报,2018,33(7):1257-1269.

[138]方匡南,赵梦峦.基于多源数据融合的个人信用评分研究[J].统计研究,2018,35(12):92-101.

[139]张大勇,景东,卜巍. 融合多源数据的微信用户信息分享行为特征研究[J]. 情报科学, 2019, 37(02): 83-88.

[140]吴菲菲,李睿毓,黄鲁成. 基于多源数据的企业研发方向识别与评估[J]. 情报杂志, 2018, 37(10): 82-89.

[141]STIGLITZ J. Distinguished lecture on economics in government: the private uses of public interests: incentives and institutions[J]. Journal of Economic Perspectives, 1998, 12(2): 3-22.

[142]EPPSTEIN M J, GROVER D K, MARSHALL J S, et al. An agent-based model to study market penetration of plug-in hybrid electric vehicles[J]. Energy Policy, 2011, 39(6): 3789-3802.

[143]SHAFIEI E, THORKELSSON H, ÁSGEIRSSON E I, et al. An agent-based modeling approach to predict the evolution of market share of electric vehicles: A case study from Iceland[J]. Technological Forecasting and Social Change, 2012, 79(9): 1638-1653.

[144]RENNINGS K. Redefining innovation — eco-innovation research and the contribution from ecological economics[J]. Ecological Economics, 2000, 32(2): 319-332.

[145]JAFFE A B, NEWELL R G, STAVINS R N. A tale of two market failures: Technology and environmental policy[J]. Ecological Economics, 2005, 54(2): 164-174.

[146]STRUBEN J, STERMAN J D. Transition challenges for alternative fuel vehicle and transportation systems[J]. Environment and Planning B: Planning and Design, 2008, 35(6): 1070-1097.

[147]HAYAMI Y, HAYAMI Y, GODO Y, et al. Development economics: From the poverty to the wealth of nations[M]. Oxford: Oxford University

Press, 2005.

[148] RASK K. Evidence of the empirical relevance of the infant industry argument for the protection of Brazilian ethanol production[J]. Agricultural Economics, 1994, 10(3): 245-256.

[149] SAURé P. Revisiting the infant industry argument[J]. Journal of Development Economics, 2008, 84(1): 104-117.

[150] KRUGMAN P R. International economics: Theory and policy[M]. NewYork: Pearson Education Group, 2008.

[151]林毅夫,蔡昉,李周. 比较优势与发展战略——对"东亚奇迹"的再解释[J]. 中国社会科学, 1999(5): 4-20, 204.

[152] WADE R. Reply to John Roberts on infant industry protection[M]. London: London School of Economics, 2001.

[153] ANIS, CHOWDHURY. Labor market policies as instruments of industry policy: What can europe learn from Southeast Asia?[J]. American Journal of Economics and Sociology, 2008, 67(4): 661-681.

[154] MELITZ M J. When and how should infant industries be protected?[J]. Journal of International Economics, 2005, 66(1): 0-196.

[155] PANAGARIYA A. A re-examination of the infant industry argument for protection[J]. Margin: The Journal of Applied Economic Research, 2011, 5(1): 7-30.

[156] ZAMBAKARI C. Underdevelopment and economic theory of growth: Case for infant industry Promotion[J]. Consilience, 2012(8): 171-187.

[157]林毅夫,李永军. 比较优势、竞争优势与发展中国家的经济发展[J]. 管理世界, 2003(7): 21-28, 66-155.

[158] PARASKEVOPOULOU E. Non-technological regulatory effects: Im-

plications for innovation and innovation policy[J]. Research Policy, 2012, 41(6): 1058-1071.

[159]樊春良,马小亮. 美国科技政策科学的发展及其对中国的启示[J]. 中国软科学, 2013(10): 168-181.

[160]樊春良. 日本科技创新政策科学的实践及启示[J]. 中国科技论坛, 2014(4): 20-26.

[161]LANSING J S. Complex adaptive systems[J]. Annual Review of Anthropology, 2003, 32(1): 183-204.

[162]PAPERIN G, GREEN D G, SADEDIN S. Dual-phase evolution in complex adaptive systems[J]. Journal of the Royal Society Interface, 2011, 8(58): 609-629.

[163]霍琳,尚维,徐山鹰. 基于多主体仿真的经济新常态下规则与相机性利率政策选择[J]. 系统工程理论与实践, 2017, 37(9): 2289-2296.

[164]马春文,杨乃定,郭晓. 基于复杂适应系统理论的合作研发项目管理模式研究[J]. 中国科技论坛, 2011(1): 33-39.

[165]WARFIELD, N J. Twenty laws of complexity: science applicable in organizations[J]. Systems Research & Behavioral Science, 1998, 16(1): 3-40.

[166]孙小涛,徐建刚,张翔,等. 基于复杂适应系统理论的城市规划[J]. 生态学报, 2016, 36(2): 191-199.

[167]仇保兴. 基于复杂适应系统理论的韧性城市设计方法及原则[J]. 城市发展研究, 2018, 25(10): 7-9.

[168]刘春成. 城市隐秩序:复杂适应系统理论的城市应用[M]. 北京:社会科学文献出版社, 2017.

[169]王劲. 科技决策中公众参与的实践论[J]. 求索, 2012(4): 210-212.

[170]张铤. 公众参与科技决策探析[J]. 自然辩证法研究, 2019, 35(6): 45-49.

[171]樊春良, 佟明. 关于建立我国公众参与科学技术决策制度的探讨[J]. 科学学研究, 2008(5): 897-903.

[172]Organisation for Economic Co-Operation and Development. The innovation imperative: Contributing to productivity, growth and well-being[M]. Paris: OECD Publishing, 2015.

[173]张国兴, 高秀林, 汪应洛, 等. 中国节能减排政策的测量、协同与演变——基于1978—2013年政策数据的研究[J]. 中国人口·资源与环境, 2014, 24(12): 62-73.

[174]ROTHWELL R, ZEGVELD W. Reindusdalization and technology[M]. London: Logman Group Limited, 1985.

[175]黄萃, 苏竣, 施丽萍, 等. 政策工具视角的中国风能政策文本量化研究[J]. 科学学研究, 2011(6): 876-882, 889.

[176]LYN R, O'MEARA S, HEPBURN V A, et al. Statewide evaluation of local wellness policies in Georgia: An examination of policy compliance, policy strength, and associated factors[J]. Journal of Nutrition Education and Behavior, 2012, 44(6): 513-520.

[177]王海燕, 游玎怡. 政策计量视角下社会组织服务科技创新的实践与困境[J]. 科学学与科学技术管理, 2018, 39(7): 3-12.

[178]谢青, 田志龙. 创新政策如何推动我国新能源汽车产业的发展——基于政策工具与创新价值链的政策文本分析[J]. 科学学与科学技术管理, 2015, 36(6): 3-14.

[179]张雅娴, 苏竣. 技术创新政策工具及其在我国软件产业中的应用[J]. 科研管理, 2001, 22(4): 65-72.

[180] 曾照云,程安广. 德尔菲法在应用过程中的严谨性评估——基于信息管理视角[J]. 情报理论与实践,2016,39(2):64-68.

[181] 程华,钱芬芬. 政策力度、政策稳定性、政策工具与创新绩效——基于2000—2009年产业面板数据的实证分析[J]. 科研管理,2013,34(10):103-108.

[182] BERNICK, M. E. Population diversity and policy diversity: Explaining state choices in medicaid managed care[J]. Journal of Policy Practice, 2011, 10(4): 307-325.

[183] BREDA-VÁZQUEZ I, CONCEIÇÃO P, MÓIA P. Learning from urban policy diversity and complexity: Evaluation and knowledge sharing in urban policy[J]. Planning Theory & Practice, 2010, 11(2): 209-239.

[184] 顾昕. 治理嵌入性与创新政策的多样性:国家—市场—社会关系的再认识[J]. 公共行政评论,2017,10(6):6-32,209.

[185] 哈肯. 高等协同学[M]. 北京:科学出版社,1989.

[186] 刘华,周莹. 我国技术转移政策体系及其协同运行机制研究[J]. 科研管理,2012,33(3):105-112.

[187] IGLESIAS G, RíO P D, DOPICO J Á. Policy analysis of authorisation procedures for wind energy deployment in Spain[J]. 2011, 39(7): 4067-4076.

[188] MATEI A I, DOGARU T-C. Coordination of public policies in romania: An empirical analysis[J]. Social Science Electronic Publishing, 2013, (81): 65-71.

[189] CAMARERO M, TAMARIT C. A rationale for macroeconomic policy coordination: Evidence based on the Spanish peseta[J]. European Journal of Political Economy, 1995, 11(1): 65-82.

[190] KIM Y-H. International policy coordination mechanism with respect

to the moral hazards of financial intermediaries[J]. Economic Modelling, 2011, 28(4): 1914-1922.

[191]LEE K, LEUNG J Y-T, PINEDO M L. Coordination mechanisms with hybrid local policies[J]. 2011, 8(4): 513-524.

[192]CARLEY S. Decarbonization of the US electricity sector: Are state energy policy portfolios the solution?[J]. Energy Economics, 2011, 33(5): 1004-1023.

[193]VAKILI G, KHORSANDI S. Coordination of cooperation policies in a peer-to-peer system using swarm-based RL[J]. Journal of Network & Computer Applications, 2012, 35(2): 713-722.

[194]HUGHES C E, RITTER A, MABBITT N. Drug policy coordination: Identifying and assessing dimensions of coordination[J]. International Journal of Drug Policy, 2013, 24(3): 244-250.

[195]GOEL R K, HSIEH E W T. On coordinating environmental policy and technology policy[J]. Journal of Policy Modeling, 2006, 28(8): 897-908.

[196]孟庆松, 韩文秀. 复合系统协调度模型研究[J]. 天津大学学报, 2000(4): 444-446.

[197]刘志迎, 谭敏. 纵向视角下中国技术转移系统演变的协同度研究——基于复合系统协同度模型的测度[J]. 科学学研究, 2012, 30(4): 534-542, 533.

[198]王昆, 宋海洲. 三种客观权重赋权法的比较分析[J]. 技术经济与管理研究, 2003(6): 48-49.

[199]邱枫, 米加宁, 梁恒. 基于主体建模仿真的公共政策分析框架[J]. 东北农业大学学报(社会科学版), 2013, 11(4): 71-78.

[200]杨顺顺, 栾胜基. 农村环境多主体仿真系统建构——农户模型在

农村环境管理中的应用[J]. 北京大学学报(自然科学版), 2010, 46(1): 129-135.

[201] 李璐, 宣慧玉. 多主体仿真在公共卫生事件应急管理中的应用——以一个传染病政策仿真系统为例[J]. 西安交通大学学报(社会科学版), 2010, 30(1): 57-64.

[202] GOLEIJANI S, AMELI M T. An agent-based approach to power system dynamic state estimation through dual unscented Kalman filter and artificial neural network[J]. Soft Computing, 2019, 23(23): 12585-12606.

[203] DAWID H, NEUGART M. Agent-based models for economic policy design[J]. Eastern Economic Journal, 2011, 37(1): 44-50.

[204] DOSI G, FAGIOLO G, NAPOLETANO M, et al. Fiscal and monetary policies in complex evolving economies[J]. Journal of Economic Dynamics & Control, 2015 (52): 166-189.

[205] MARINI M, CHOKANI N, ABHARI R S. Agent-based model analysis of impact of immigration on switzerland's social security[J]. Journal of International Migration and Integration, 2019, 20(3): 787-808.

[206] ALBINO V, CARBONARA N, GIANNOCCARO I. Innovation in industrial districts: An agent-based simulation model[J]. International Journal of Production Economics, 2006, 104(1): 30-45.

[207] 张永安, 李晨光. 区域企业响应科技政策创新的回声模型构建[J]. 科学学与科学技术管理, 2013, 34(9): 86-96.

[208] 宋晨晨, 张永安, 王燕妮, 等. 区域科技创新政策响应机理分析与仿真研究——基于中关村国家自主示范区数据[J]. 科技进步与对策, 2018, 35(21): 132-139.

[209] 魏淑艳, 郭随磊. 中国新能源汽车产业发展政策工具选择[J].

科技进步与对策, 2014, 31(21): 99-103.

[210] 陈麟瓒, 王保林. 新能源汽车"需求侧"创新政策有效性的评估——基于全寿命周期成本理论[J]. 科学学与科学技术管理, 2015, 36(11): 15-23.

[211] 王静, 王海龙, 丁堃. 新能源汽车产业政策工具与产业创新需求要素关联分析[J]. 科学学与科学技术管理, 2018, 440(5): 30-40.

[212] 孙晓华, 徐帅. 政府补贴对新能源汽车购买意愿的影响研究[J]. 大连理工大学学报(社会科学版), 2018, 39(3): 8-16.

[213] 尹洁林, 张子芊, 廖赣丽, 等. 基于技术接受模型和感知风险理论的消费者新能源汽车购买意愿研究[J]. 预测, 2019, 38(6): 83-89.

[214] LIU Y, LI H-Y. The incentive model of people-oriented innovative organization: Based on dill's comprehensive incentive theory [C]. The 19th International Conference on Industrial Engineering and Engineering Management. Springer, 2013: 327-334.

[215] 杨解君, 杨高臣. 打造从政策到法律的补贴制度升级版——以新能源汽车骗补为切入点[J]. 江西社会科学, 2017, 37(5): 187-194.

[216] 陈洪转, 齐慧娟. 新能源汽车财政补贴政策监管演化稳定性分析[J]. 工业技术经济, 2019, 38(2): 116-121.

[217] 郄海拓. 区域科技创新政策对高新技术企业创新绩效作用机理研究[D]. 北京: 北京工业大学, 2018.

[218] ZELLNER A, KMENTA J, DREZE J. Specification and estimation of Cobb-Douglas production function models [J]. Econometrica: Journal of the Econometric Society, 1966, 34(4): 784-795.

[219] TEISMAN G R, KLIJN E H. Complexity theory and public management: An introduction[J]. Public management review, 2008, 10(3): 287-297.

[220] SILVIA C, KRAUSE R M. Assessing the impact of policy interventions on the adoption of plug-in electric vehicles: An agent-based model[J]. Energy Policy, 2016(96): 105-118.

[221] 马少超, 范英. 基于时间序列协整的中国新能源汽车政策评估[J]. 中国人口·资源与环境, 2018, 28(4): 117-124.

[222] SUN X, LIU X, WANG Y, et al. The effects of public subsidies on emerging industry: An agent-based model of the electric vehicle industry[J]. Technological Forecasting and Social Change, 2019(140): 281-295.

[223] 陈海燕. 面板数据模型的检验方法研究[D]. 天津: 天津大学, 2010.

[224] 吴勇, 林悦. 非平衡面板数据模型的估计方法及应用[J]. 统计与决策, 2013(8): 78-80.

[225] SEARLE S R, GRUBER M H. Linear models[M]. Hoboken: John Wiley & Sons, 2016.

[226] JENNRICH R I, SAMPSON P F. Newton-raphson and related algorithms for maximum likelihood variance component estimation[J]. Technometrics, 1976, 18(1): 11-17.

[227] BALTAGI B H, SONG S H, JUNG B C. The unbalanced nested error component regression model[J]. Journal of Econometrics, 2001, 101(2): 357-381.

[228] 赵玉林, 李丫丫. 技术融合、竞争协同与新兴产业绩效提升——基于全球生物芯片产业的实证研究[J]. 科研管理, 2017(8): 14-21.

[229] 祝振铎. 创业导向、创业拼凑与新企业绩效: 一个调节效应模型的实证研究[J]. 管理评论, 2015, 27(11): 57-65.

[230] 郑谦, 顾东晓, 梁昌勇, 等. 中国产业IT能力与产业绩效的耦合

协调度研究——基于微观数据的产业分类测度[J].运筹与管理,2017(10):161-169.

[231]李剑力.不确定性环境下探索性和开发性创新的平衡与企业绩效关系研究[J].中国科技论坛,2009(7):73-79.

[232]王淑敏.企业能力如何"动""静"组合提升企业绩效?——能力理论视角下的追踪研究[J].管理评论,2018,30(9):123-133.

[233]李卫宁,占靖宇,吕源.变革型领导行为、战略柔性与企业绩效[J].科研管理,2019,40(3):97-106.

[234]何培旭,王晓灵,李泽.市场创新关键资源、市场创新模式、战略地位优势与企业绩效[J].华东经济管理,2019,33(2):44-53.

[235]黄灿,李善民.股东关系网络、信息优势与企业绩效[J].南开管理评论,2019,22(2):77-90,129.

[236]刘婷婷,杨蓉,高凯.产业政策与企业绩效关系研究[J].中国科技论坛,2019(5):46-56.

[237]焦翠红,孙海波,董直庆.R&D资源配置效率演化及研发补贴效应——来自制造业的经验证据[J].山西财经大学学报,2017,39(2):58-71.

[238] GUNNINGHAM N, SINCLAIR D. Regulatory pluralism: Designing policy mixes for environmental protection[J]. Law & Policy, 1999, 21(1): 49-76.

[239] GUERZONI M, RAITERI E. Demand-side vs. supply-side technology policies: Hidden treatment and new empirical evidence on the policy mix[J]. Research Policy, 2015, 44(3): 726-747.

[240] Organisation for economic co-operation and development. Instrument mixes for environmental policy[M]. Paris: OECD Publishing, 2007.

[241] JÄÄSKELÄ J P, JENNINGS D. Monetary policy and the exchange

rate：Evaluation of VAR models[J]. Journal of International Money and Finance, 2011, 30(7)：1358-1374.

[242]龙薇,蒋丽平. 基于VAR模型的社会融资规模与货币政策传导研究[J]. 山西财经大学学报, 2015, 37(9)：41-52.

[243]CHEN W Y. Demographic structure and monetary policy effectiveness：evidence from Taiwan[J]. Quality & Quantity, 2017, 51(6)：2521-2544.

[244]CARAIANI P, CĂLIN A C. Monetary policy effects on energy sector bubbles[J]. Energies, 2019, 12(3)：472.

[245]宋长青. 银行业市场集中度对货币政策传导有效性影响研究——基于信贷传导视角[J]. 财经理论与实践, 2019, 40(3)：32-38.

[246]张永安,郄海拓,袁页. 科技创新政策与国家创新能力作用机理研究[J]. 华东经济管理, 2019, 33(3)：104-110.

[247]匡兵,卢新海,韩璟. 政策工具如何影响中国耕地保护效果[J]. 中国人口·资源与环境, 2019, 29(11)：111-119.

[248]刘海朋,陈东景. 基于VAR模型的高技术产业政策工具比较分析[J]. 中国科技论坛, 2017(9)：56-62, 71.

[249]国务院法制办公室. 重大行政决策程序暂行条例(征求意见稿)[EB/OL]. [2017-06-11]. http：//www.gov.cn/xinwen/2017-06/11/content_ 5201533.htm.

[250]FERNáNDEZ M, WANDHOEFER T, ALLEN B, et al. Using social media to inform policy making：to whom are we listening? [C]. Proceedings of the 1st European Conference on Social Media (ECSM'14), 2014：174-182.

[251]MARTIN E, SHAHEEN S, LIPMAN T, et al. Evaluating the public perception of a feebate policy in California through the estimation and cross-validation of an ordinal regression model[J]. Transport Policy, 2014(33)：144-153.

[252]李晨光,张永安,王燕妮.政策感知与决策偏好对创新政策响应行为的影响[J].科学学与科学技术管理,2018,39(5):3-15.

[253]彭华涛,吴莹.高技术服务企业跨国战略联盟的研发创新能力、资源共享与新产品市场绩效研究[J].科研管理,2017,38(1):54-61.

[254]TSAI C Y. The impact of policy perception on the intent, behavior and performance of enterprises in accepting guidance policies: A case study of small and medium-sized enterprises in Taiwan[J]. International Journal of Applied Business and Economic Research, 2017, 15(7): 363-386.

[255]蒋承,李笑秋.政策感知与大学生基层就业——基于"三元交互理论"的视角[J].北京大学教育评论,2015,13(2):47-56.

[256]宁甜甜,宋至刚.高校科技工作者政策感知水平对创新行为的影响研究——基于创新自我效能感与工作认同度的调节效应[J].天津大学学报(社会科学版),2017,19(5):450-456.

[257]左蒙,李昌祖.网络舆情研究综述:从理论研究到实践应用[J].情报杂志,2017,36(10):71-78.

[258]闵钰麟,黄永峰.用户定制主题聚焦爬虫的设计与实现[J].计算机工程与设计,2015,36(1):17-21.

[259]DOERFEL M L, BARNETT G A. A semantic network analysis of the international communication association[J]. Human Communication Research, 2010, 25(4): 589-603.

[260]奉国和,黄家兴,薛云.文本聚类研究知识图谱分析[J].情报科学,2014,32(3):23-27.

[261]黄鲁成,蒋林杉,苗红,等.基于网络问答社区的话题识别与分析——以知乎"老年人"话题为例[J].图书情报工作,2016,60(5):93-100.

[262]石宝峰,程砚秋,王静. 变异系数加权的组合赋权模型及科技评价实证[J]. 科研管理, 2016, 37(5): 122-131.

[263]RAVI K, RAVI V. A survey on opinion mining and sentiment analysis: tasks, approaches and applications[J]. Knowledge-Based Systems, 2015(89): 14-46.

[264]HEY T, TANSLEY S, TOLLE K M. The fourth paradigm: data-intensive scientific discovery[M]. Washington: Microsoft research Redmond, 2009.

[265]KING G. Restructuring the social sciences: reflections from Harvard's Institute for Quantitative Social Science[J]. PS: Political Science & Politics, 2014, 47(1): 165-172.

[266]邓仲华,李志芳. 科学研究范式的演化——大数据时代的科学研究第四范式[J]. 情报资料工作, 2013(4): 19-23.

[267]米加宁,章昌平,李大宇,等. 第四研究范式:大数据驱动的社会科学研究转型[J]. 学海, 2018(2): 11-27.

[268]AZZONE G. Big data and public policies: Opportunities and challenges[J]. Statistics & Probability Letters, 2018(136): 116-120.

[269]PAFFUMI E, DE GENNARO M, MARTINI G. European-wide study on big data for supporting road transport policy[J]. Case Studies on Transport Policy, 2018, 6(4): 785-802.

[270]ENGHOFF O, ALDRIDGE J. The value of unsolicited online data in drug policy research[J]. International Journal of Drug Policy, 2019(73): 210-218.

[271]WHITMAN COBB W N. Trending now: Using big data to examine public opinion of space policy[J]. Space Policy, 2015(32): 11-16.

[272]RUGGERI K, YOON H, KàCHA O, et al. Policy and population

behavior in the age of Big Data[J]. Current Opinion in Behavioral Sciences, 2017(18): 1-6.

[273]PANAGIOTOPOULOS P, BOWEN F, BROOKER P. The value of social media data: Integrating crowd capabilities in evidence-based policy[J]. Government Information Quarterly, 2017, 34(4): 601-612.

[274]瞿忠琼, 鹿艺鸣. 探寻公众感知的本质与迭代逻辑[J]. 自然辩证法研究, 2016, 32(4): 96-101.

[275]SCHLEICH J, FAURE C. Explaining citizens' perceptions of international climate-policy relevance[J]. Energy Policy, 2017(103): 62-71.

[276] COTTON M, CHARNLEY-PARRY I. Beyond opposition and acceptance: Examining public perceptions of the environmental and health impacts of unconventional oil and gas extraction[J]. Current Opinion in Environmental Science & Health, 2018(3): 8-13.

[277]LACEY J, MALAKAR Y, MCCREA R, et al. Public perceptions of established and emerging mining technologies in Australia[J]. Resources Policy, 2019(62): 125-135.

[278] STEPHANIDES P, CHALVATZIS K J, LI X, et al. Public perception of sustainable energy innovation: A case study from Tilos, Greece[J]. Energy Procedia, 2019(159): 249-254.

[279]SUN S, LUO C, CHEN J. A review of natural language processing techniques for opinion mining systems[J]. Information Fusion, 2017(36): 10-25.

[280]ZEROUAL I, LAKHOUAJA A. Data science in light of natural language processing: An overview[J]. Procedia Computer Science, 2018(127): 82-91.

[281] 唐莉. 信息计量在科技创新政策研究中的应用现状、局限与前景[J]. 科学学研究, 2017, 35(2): 183-188.

[282] 任弢, 黄萃, 苏竣. 公共政策文本研究的路径与发展趋势[J]. 中国行政管理, 2017(5): 96-101.

[283] 杨玥, 张德生. 中文文本的主题关键短语提取技术[J]. 计算机科学, 2017, 44(S2): 432-436.

[284] STEWART HORNSBY K, WANG W. Representing dynamic phenomena based on spatiotemporal information extracted from web documents[C]. Extended abstracts, GIScience Conference, 2010.

[285] WANG W, STEWART K. Spatiotemporal and semantic information extraction from Web news reports about natural hazards[J]. Computers, environment and urban systems, 2015(50): 30-40.

[286] ZHOU L, PAN S, WANG J, et al. Machine learning on big data: Opportunities and challenges[J]. Neurocomputing, 2017(237): 350-361.

[287] CAI J, LUO J, WANG S, et al. Feature selection in machine learning: A new perspective[J]. Neurocomputing, 2018(300): 70-79.

[288] HU L, HE S, HAN Z, et al. Monitoring housing rental prices based on social media: An integrated approach of machine-learning algorithms and hedonic modeling to inform equitable housing policies[J]. Land Use Policy, 2019(82): 657-673.

[289] 刘佩, 林如鹏. 网络问答社区"知乎"的知识分享与传播行为研究[J]. 图书情报知识, 2015(6): 109-119.

[290] 唐黎标. 发达国家新能源汽车充电设施经验与我国的对策[J]. 城市公共交通, 2016(6): 70-72.

[291] PANG, BO, LEE, et al. Opinion Mining and Sentiment Analysis[J]. Foundations & Trends in Information Retrieval, 2008, 2(1): 459-526.